Wolfgang A. Herrmann

STANT CUNCTA LABORE

Inspirationen
entlang der Salzach

Ein »weltliches Brevier«
für das TUM Science & Study Center
Raitenhaslach

TUM.University Press

Die Deutsche Nationalbibliothek verzeichnet diese Publikation
in der Deutschen Nationalbibliographie; detaillierte bibliografische Daten
sind im Internet über https://portal.dnb.de abrufbar.

Impressum

1. Auflage
Copyright © Wolfgang A. Herrmann
Copyright © 2016 TUM.University Press
Verlag der Technischen Universität München
Alle Rechte vorbehalten.

Herausgeber: Technische Universität München
Layout und Gestaltung: Satz für Satz, Wangen im Allgäu
Umschlaggestaltung: Designbuero Josef Grillmeier Munich
Umschlagabbildung: TUM/Astrid Eckert
Karte vordere Umschlagklappe: Designbuero Josef Grillmeier Munich
Karte hintere Umschlagklappe: Philipp Apian, Landtafel 19.
Bayerische Staatsbibliothek München, Hbks/F 15 b
Lektorat: Textbüro Fritz Jensch, München
Druck und Einband: Verlagshaus Monsenstein und Vannerdat OHG, Münster
Printed in Germany 2016

TUM.University Press
Verlag der Technischen Universität München
Arcisstraße 21
80333 München

ISBN: 978-3-95884-001-0

www.tum.de
www.tumuniversitypress.com

INHALT

EINSTIMMUNG

»Dem Bayern ist das Leben ein
täglich sich erneuerndes Fest.«
Hermann Bahr (1863–1934),
österreichischer Schriftsteller

Weil aus kurzen Kapiteln bestehend, soll es Brevier heißen. Weil es
aber kein Gebetbuch ist, müssen wir uns mit einem »weltlichen Brevier« begnügen, das allerdings bebildert ist. Die geistlichen Herren
der Zisterzienserabtei Raitenhaslach hatten freilich ihr echtes Bre-
viarium, das sie regelmäßig für das Stundengebet verwendeten, egal
wo sie sich gerade aufhielten.

Das TUM Science & Study Center Raitenhaslach wird viele Be-
sucher empfangen, aus der Heimat und aus der Welt. Wer hier Ein-
kehr hält, soll den Blick der ganzen Landschaft zwischen Inn und
Salzach öffnen, aber auch das Herz. Als Einladung, sich die kultur-
historischen Kleinodien nicht entgehen zu lassen, habe ich das vorliegende »Brevier« verfasst. Es will auf die Schönheiten hinweisen,
an denen man sich in der unmittelbaren Umgebung von Raitenhaslach erfreuen kann, ohne dafür allzu viel Zeit – aber doch etwas
Muße – mitbringen zu müssen. Man möge es dem Schreiber nach-
sehen, wenn er hier und dort ins Schwärmen gekommen ist. Die
Texte hat er um die Jahreswende zwischen Weihnachten und Mariä
Lichtmess geschrieben.

Jede Station ist den kleinen Ausflug wert, und an jeder gibt es
detailreichere Auskünfte und Beschreibungen, als sie im »Brevier«
Platz gehabt hätten. Und mit offenen Augen wird man allerorten
den Reiz der einzigartigen Kulturlandschaft entlang der Salzach und

zum Inn hinüber entdecken. In dieser Landschaft haben über Jahrhunderte Herzöge, Bischöfe und Äbte regiert und ihr den Charakter gegeben. Das Kloster Raitenhaslach, unser neues Akademiezentrum, stand unter dem Einfluss der bayerischen Herzöge und Kurfürsten sowie jenem des Salzburger Fürsterzbistums. In diesem weltlich wie geistlich geprägten Spannungsfeld sind Kleinodien der Baukunst entstanden, an denen wir uns heute erfreuen dürfen. Nach solchem Genuss darf man sich getrost wieder dem »Stant Cuncta Labore« widmen – Alles hat (nur?) durch Arbeit Bestand.

Raitenhaslach, 4. Juni 2016

Wolfgang A. Herrmann

 Diese Publikation entstand mit Unterstützung durch die TUM Universitätsstiftung, wofür sich Herausgeber und Autor herzlich bedanken.

KULTURELLES ERBE

Eine silberne Burg mit geöffnetem goldenem Tor. Und auch noch goldene Dächer! So wie sie sich im Wappen präsentiert, so empfängt uns die Stadt Burghausen. Im Gegenzug bringen wir den Spirit der Wissenschaft an die Salzach, wenn auch wissenschaftliches Arbeiten in und um Burghausen nicht fremd ist. Im sogenannten Bayerischen Chemiedreieck wirken viele, die in jungen Jahren Forschung gelernt und diese bei den innovationsgetriebenen Unternehmen verwirklicht haben. Wir haben also ein verständiges Publikum, das wir fortan in unsere Denkweisen einbeziehen können. Denn das TUM Science & Study Center Raitenhaslach[1] soll kein Elfenbeinturm werden, sondern ein Begegnungs- und Tauschplatz von Ideen, Wissen, Erkenntnissen und Einsichten.

Als Forschungsuniversität von Rang begreifen wir Raitenhaslach im Geiste der Zisterzienser von einst als Denk- und Rückzugs-

links:
Wappen der
Stadt Burghausen.

rechts:
Wappen der ehemaligen
Gemeinde Raitenhaslach
(bis 1978).

ort zur Belebung der geistigen Kreativität, die bisweilen die Einsamkeit braucht, um nicht unter der Tagesroutine zu verkümmern. Einsamkeit muss jedoch nicht Alleinsein heißen. Wir wollen in Raitenhaslach auch den Menschen begegnen, die uns ebenso spontan wie freundschaftlich aufgenommen haben. Wir wollen zu ihnen gehören, ihre Fragen nach dem Stand und Sinn der wissenschaftlichen Erkenntnis, nach der Umsetzbarkeit von Forschungsergebnissen annehmen und zu beantworten versuchen, so gut wie wir es können. Hieraus soll ein lebendiger Dialog entstehen, der uns gemeinsam zum Nachdenken, Innehalten und Weiterdenken anregt.

Universität ist kein Durchlauferhitzer für neues Wissen. Universität bedeutet wissenschaftliche, forschungsbasierte Ausbildung.

Seminarpause im Klostergarten: Die TUM International Graduate School of Science & Engineering (IGSSE) veranstaltet ihre Symposien seit 2006 in Raitenhaslach.

Und sie ist ein Forum der kritischen Reflexion, der kritischen Diskurskultur. Dieses Werteverständnis glauben wir im Historie atmenden Ambiente Raitenhaslachs auf vielfältige Weise zur Entfaltung bringen zu können. Raitenhaslach setzt der bald 150-jährigen Geschichte unserer Universität ein Glanzlicht auf.

Das vorliegende »Brevier« habe ich verfasst, weil mir der neue Akademiestandort unserer Universität ein Herzensanliegen ist. Deshalb fällt es nicht schwer, den vielen Menschen zu danken, die von der ersten Idee (2005) bis zur Einweihung des TUM Science & Study Center Raitenhaslach (2016) förderlich und helfend, mit Fachexpertise, Planungs- und Umsetzungsgeschick, aber auch mit Geld zur Stelle waren. Im Stadtparlament von Burghausen mit ihrem Bürgermeister Hans Steindl spiegeln sich die vielen ungleichartigen, aber gleichsinnig wirkenden Kräfte, die das »neue Raitenhaslach« ins Werk gesetzt haben. Vom Handwerker bis zum Ministerpräsidenten waren viele zur Stelle, die es gut mit unserer Idee meinten. Stets verlassen konnte sich der Brevierschreiber auf seinen Kanzler Albert Berger und seinen Fundraising-Bevollmächtigten Arnulf Melzer – bayerische Menschen durch und durch, heimatverwurzelt und weltläufig zugleich. Ihnen allen gilt mein herzliches »Vergelt's Gott«, wie man in unserer Heimat zu sagen pflegt, und in einem ehemaligen Kloster erst recht!

Mit dem stolzen Wappen Burghausens kann jenes von Raitenhaslach freilich nicht mithalten. Aber es zeigt, wo wir sind: Der von Silber und Rot geschachtete Schrägbalken, der sogenannte Zisterzienserbalken, erinnert an unsere Vorläufer in jenem Prälatenbau, der in seiner schlichten Würde hoch über dem Salzachfluss thront, einem uralten Handelsweg. Umgeben sind wir von einer ausgedehnten Naturlandschaft, die sich ihren Reiz bis heute erhalten hat. Für diese Heimat mitten in Europa wollen wir dankbar sein, indem wir ihrem kulturellen Erbe eine Zukunft geben.

Der Prälatenbau im Abendlicht,
fortan das TUM Science & Study Center Raitenhaslach.

DER PRÄLATENBAU RAITENHASLACH

Am 4. Juni 2016 beginnt für das ehemalige Zisterzienserkloster Raitenhaslach[1-8] eine neue Zukunft, mit einer neuen Idee und einer neuen Bestimmung. Die Säkularisation der bayerischen Stifte und Klöster im Jahre 1803 traf das einstmals reiche Kloster besonders hart: Etliche Gebäude wurden versteigert, etwa die Hälfte fiel nachfolgend dem Abriss zum Opfer, darunter 1812 die kaum dreißig Jahre vorher fertiggestellte Klosterbibliothek, das Refektorium und der Mathematische Turm. Erhalten blieb glücklicherweise die Klosterkirche, ein Juwel des bayerischen Spätbarocks. Einige Wirtschaftsgebäude (heute Klostergasthof) und der mächtige Prälatenstock mitsamt dem Steinernen Saal gingen in Privatbesitz über. Man muss froh sein, dass dieses Konventsgebäude 200 Jahre lang weitgehend ungenutzt blieb, sodass es auch keine Eingriffe in die historische Bausubstanz und in das Raumprogramm erlitt.

Als die Stadt Burghausen die Bauten im Jahre 2003 ersteigert hatte – dank der Weitsicht des kulturell verständigen und engagierten Bürgermeisters Hans Steindl –, stellte sich erneut die Frage nach einer sinnvollen Nutzung. Da mich der Prälatenstock schon wegen seiner eindrucksvollen Architektur, seiner Lage über dem Salzachtal und seiner historischen Aura begeisterte, schlug ich dem Bürgermeister die Renovierung und langfristige Nutzung als Akademiestandort der Technischen Universität München vor. Unterstützt durch Mitglieder des Stadtparlaments, darunter etliche Alumni unserer Universität (wie übrigens auch der Bürgermeister), und insbesondere durch den wortgewaltigen Pfarrer Franz Aicher, fand ich spontane Zustimmung beim Stadtoberhaupt. Die erste offizielle Ankündigung dieses einzigartigen Zukunftsprojekts erfolgte 2005 anlässlich der »Exzellenzinitiative des Bundes und der Länder« bei der internationalen Begutachtung unserer institutionellen Strategie »TUM. The Entrepreneurial University« – mit Erfolg. Als Schlussbild meiner Präsentation blieb Raitenhaslach während der gesamten nachfolgenden Diskussion auf der großen Hörsaal-Leinwand stehen und setzte gewissermaßen den kulturellen Akzent unseres modernen, unternehmerischen Universitätskonzepts: Hier sind wir, international erfolgreich und zugleich dem kulturellen Erbe unserer bayerischen Heimat verpflichtet! Internationalität – das war die Botschaft – ist nachhaltig nur, wenn man die Heimat mit der Welt verbindet. Wurzeln und Flügel.

Dieses Bekenntnis wurde zur Idee, die uns nicht mehr losließ. An ihrer Ausgestaltung wurde fortan mit Hingabe gearbeitet. Schneller als gedacht kam die TUM in Raitenhaslach an: Lange vor Beginn der Sanierungsarbeiten trafen wir uns dort nämlich zu den Klausuren des Erweiterten Hochschulpräsidiums, selbst wenn wir die Räume im Spätherbst notdürftig elektrisch heizen mussten und auch das Tagungsarrangement weniger als bequem war. Aber wir spürten das besondere Fluidum, das uns umgab und die Kreativität beflügelte. Alle waren begeistert und kamen wieder, bald auch die neue TUM International Graduate School of Science & Engineering (IGSSE), die uns im Rahmen der Exzellenzinitiative 2006 gelungen war. Mit jedem Aufenthalt fesselte uns die Idee stärker, dass im südostbayerischen Raitenhaslach an der Salzach, jenseits des geschäftigen Universitätsalltags in der Metropolregion München, eine Stätte der akademischen Begegnung und der geistigen Befruchtung entstehen würde. Internationales Publikum stellte sich ein, Gutachter und Administratoren der Deutschen Forschungsgemeinschaft (DFG) sowie des Wissenschaftsrats ermutigten uns, und vor allem: Das Stadtparlament und die Bevölkerung wurden unsere neuen

Seminarbetrieb
im Steinernen Saal
(Aula Maior)
des Prälatenbaus.

Freunde. Die Medien, selbst jene in der Landeshauptstadt, beglei-
teten unsere Absicht mit ungetrübtem Applaus, so wie man ihn ja
höchst selten bekommt. Die TUM ist also in Raitenhaslach ange-
kommen. Hier will sie bleiben!

Sogleich nach dem ersten Erfolg in der Exzellenzinitiative
(2006) stiegen wir in den Planungsprozess ein. Weitsichtig, großzü-
gig und unbürokratisch stand die Stadt Burghausen als Eigentümer
der Liegenschaft an unserer Seite, und sie trat auch noch finanziell
in Vorleistung: Mit Eigeninvestitionen von über 5 Millionen Euro
zeigte die Stadt, dass sie es ernst meint. Die Messerschmitt-Stiftung
steuerte 1 Million Euro für die Renovierung des Heiglschen Deckenfreskos im Festsaal bei (Aula Maior, vulgo Steinerner Saal),
weitere 2 Millionen Euro kamen aus dem Bundesbauministerium.
Und schließlich konnte ich Ministerpräsident Seehofer überzeugen,
dass der Freistaat Bayern 10 Millionen Euro für dieses Zukunfts-

»Stant Cuncta Labore«:
das Deckenfresko von
Johann Martin Heigl
in der Aula Maior,
genannt Steinerner Saal.

projekt in die Hand nimmt – seither spricht der Landesvater über-
schwänglich von »dem Herrmann seinem Schloss«.

Ein Schloss ist es nicht, dieses Raitenhaslach. Aber welch ein
Kleinod der bayerischen Kulturgeschichte, malerisch gelegen in
einer stillen und wirtschaftlich doch so prosperierenden Region,
geborgen in der Salzachschleife vor Burghausen, der einstigen Wittelsbacher Herzogsresidenz, nicht weit von der historisch eng ver-
bundenen Kulturstadt Salzburg entfernt! Vor allem: Ein Traum ist
Wirklichkeit geworden. Ein Traum, den man freilich nur träumen
kann, wenn man sich in Bayern auskennt und die Sprache der Menschen versteht, zu denen man gehört.

»… ein Closter, nit einen Pallast zu bauen gedencke«
(18. Jahrhundert)

Steinerner Saal:
Das Deckenfresko von
Johann Martin Heigl
huldigt der menschlichen
Arbeit bei der Kultivie-
rung des Landes.
Die Raitenhaslacher
Zisterzienser betrieben
Land-, Forst-, Wasser-
und Schwaigenwirt-
schaft.

Nach dem großen Kirchenumbau[2-4] (siehe Seite 34f.) gab es in Raitenhaslach einen 40 Jahre währenden Baustillstand. Was ein Einziger durch Nichtstun anrichten kann, auch wenn man die schwie-
rigen Zeitumstände (unter anderem Spanischer Erbfolgekrieg) in
Rechnung stellen muss![6] Erst Abt Robert Pentner (reg. 1734–1756)
gab ab 1738 der Kirche ihren barocken Glanz, auf den sie baulich
längst vorbereitet war. Anschließend setzte er den Prälatenbau ins
Werk (ab 1752). Dieser wurde von Abt Emanuel II. Mayr (reg. 1759–
1780) nach 10-jähriger Bauzeit fertiggestellt, einschließlich der Ab-

Das weltliche Motto des Heiglschen Deckenfreskos: Stant Cuncta Labore – Alles hat durch Arbeit Bestand.

teikapelle. Das Gebäude kam also *nach* der Neugestaltung der Klosterkirche, nicht umgekehrt wie anderenorts. Der Baumeister war Franz Alois Mayr aus Trostberg, nach dessen Tod 1771 sein Schwiegersohn Joseph Lindtmayr das Vertrauen der Raitenhaslacher »Bauäbte« hatte.

Der dreigeschossige Bau erscheint in seiner schlichten, von

Das Deckenfresko
im »Papstzimmer«.

zwei Eckpilastern gerahmten Anlage (16 Achsen) und dem ver-
huschten seitwärtigen Eingang wie eine Antithese etwa zum »Pa-
lastkloster« Fürstenfeld, das mit einer 27-achsigen Schaufront auf-
trumpft. In der Leichenrede (1756) auf den »Bauabt« Robert Pentner
wurde dieser mit der Aussage zitiert, dass er »*ein Closter, nit einen
Pallast zu bauen gedencke*«. Als Generalvikar kannte er sich nämlich
in der bayerischen Ordensprovinz seiner Zisterzienser aus: Er hatte
deren Klöster zu visitieren – das dem Herrscherhaus nahestehende
Fürstenfeld ebenso wie das bildungsbeflissene Aldersbach, dessen
Bücherbestand jenen von Raitenhaslach um ein Vielfaches übertraf.

Der Prälatenbau diente vorwiegend der Gastungspflicht des
zum ersten bayerischen Landstand gehörenden exemten Klosters
und als Residenz des Abts, der hier seine Gäste empfangen konnte.
Ob das »Papstzimmer«, eingerichtet für Pius VI. anlässlich seiner
Reise zum bayerischen Kurfürsten und nach Altötting (1782), tat-

sächlich vom Kirchenoberhaupt genutzt wurde, bleibt ungewiss – zeigt aber, dass Raitenhaslach im klerikalen Leben seine Bedeutung hatte. Außerdem hat dieser repräsentative Salon in Erwartung des hohen Gastes die (erhalten gebliebene) Deckenmalerei bekommen, eine hübsche Allegorie der vier Jahreszeiten, wahrscheinlich von Franz Joseph Soll. Die Fresken im Treppenhaus stammen gesichert von Soll (1762), dessen munteren Malereien wir in dieser Landschaft immer wieder begegnen (siehe Seite 114–118).

Kirche und Abteigebäude sollten den Prospekt des Klosters bilden, so wollte es der »Bauabt« Robert Pentner. Also kein Ehrenhofensemble für die Prälatur, wie es in Aldersbach die Klosterkirche etwas vorlaut ins Abseits drängt.

Der rückwärts und rechtwinklig an den Prälatenbau angesetzte Festsaaltrakt geht auf Abt Emanuel II. Mayr zurück, der hiermit stärker sein außenpolitisches Profil zeigen wollte. Die Ausmaße der prächtigen Aula Maior (sogenannter Steinerner Saal, 20 mal 9 Meter) kommen dem Festsaal von Fürstenfeld nahe, aber sie ist höher: 12 Meter! Wieder war Franz Alois Mayr am Werk. Zum künstlerischen Juwel wurde sie, als Johann Martin Heigl, aus der Schule des Dominikus Zimmermann, das Deckenfresko vollendet hatte (1766). Dieses schwungvolle, naturfrohe Gemälde huldigt der menschlichen Arbeit bei der Kultivierung des Landes, die durch die vier Elemente Feuer, Wasser, Luft und Erde begünstigt wird. Dazu passt der Sinnspruch »Stant Cuncta Labore« (Alles hat durch Arbeit Bestand). Die weltlich orientierte Ikonografie des Freskos sollte der überwiegend profanen Nutzung der Aula Maior entsprechen, und sie hebt auch die typisch zisterziensische Distanz zur höfischen Kultur auf. Dafür waren nicht zuletzt die Gemälde- und Wandspiegelausstattung ein Signal: Der Abt präsentierte hier nicht nur zwei Salzburger Erzbischöfe, sondern auch gleich Mitglieder des kurbayerischen Herrscherhauses. Es war damals ja ungewiss, wie sich die pfälzische Erbfolge auswirken würde …

Deckblatt der Dedikation
von 1792, angelegt
von Abt Theobald
Weissenbach.

Renovierung und Nutzung (21. Jahrhundert)

Zur Vorbereitung einer Renovierung mit dem Ziel, die authentische Baulichkeit zu sichern, arbeitete ab 2007 ein TUM-Konsortium aus Architekten, Bau- und Denkmalforschern, Kunsthistorikern sowie Bauingenieuren an der Ermittlung der Baugeschichte und der Bausubstanz.[1] Dieses hochkomplexe, interdisziplinäre Projekt wurde im Auftrag und auf Kosten der Stadt Burghausen durchgeführt. Es nahm mehrere Jahre in Anspruch und wurde vom Bayerischen Landesamt für Denkmalpflege ständig begleitet, dessen Fachexpertisen und Vergleichswissen aus verwandten bayerischen Baudenkmälern äußerst nützlich waren. Namhafte Projektbeiträge stammen von den Professoren Erwin Emmerling (Lehrstuhl für Restaurierung, Kunsttechnologie und Konservierungswissenschaft, den wir 1998 an der TUM neu geschaffen hatten und der jetzt wie gerufen kam), Manfred Schuller (Baugeschichte, Historische Bauforschung und Denkmalpflege), Rainer Barthel (Tragwerksplanung), Gerhard Hausladen (Bauklimatik und Haustechnik) und Dietrich Fink (Integriertes Bauen) mitsamt ihren Forschungsteams. Zur Anwendung kamen modernste Methoden der bauhistorischen Forschung, wie etwa die Dendrochronologie, computergestützte Simulationen, lasergestützte Totalstationen und tomografische Techniken. Die Forschungsergebnisse fanden ihren Niederschlag in der Dokumentation »Raitenhaslach – Ort der Begegnung und Wissenschaft«[1]. Zahllose Details, in der Zusammenschau dargestellt und reich bebildert, finden sich im Raumbuch Raitenhaslach der TUM.[7]

Aus der Denkmalforschung entstand das Renovierungskonzept, das seinen Anfang mit der Instandsetzung der handwerklich kunstvollen, mächtigen Dachkonstruktion sowie Ausbesserungsarbeiten an der Dacheindeckung nahm. Diesen Dachstuhl muss man gesehen haben! Dann versteht man auch, wie zahlreiche (begehbare!) Kaminschächte in raffinierter Maurerarbeit krumm und bucklig so zusammengeführt werden, dass sie als Viergruppe der Firstlinie die symmetrische Grandezza ihrer Außenoptik verleihen. Wo notwendig, wurden die 164 historischen Fenster instand gesetzt oder den Originalexemplaren nachgebaut; allein hierfür waren rund 800 000 Euro erforderlich. Wo schadhaft, wurde die Zwischenbodenkonstruktion repariert bzw. erneuert, und der erstmalige Einbau einer Warmwasser-Raumheizung und sonstiger Infrastruktur machte die zeitweise Entfernung (und Überarbeitung) der originalen Holz- bzw. Steinböden erforderlich. Freilich musste auch statisch nachgebessert werden.

Der Baukörper, der den Steinernen Saal und die darunterliegende »Schwemme« umschreibt, wurde zum Garten hin giebelseitig um einen geräumigen profilidentischen Treppenhausbau ergänzt. Damit wird die Aula Maior nun auch unabhängig vom eigentlichen Prälatenstock für Veranstaltungen zugänglich. Erfüllt wurden nicht zuletzt die Brandschutzvorschriften, die heute etwas strenger sind als zu Klosterzeiten.

Die Raumausstattung (Wände, Decken, Fußböden, historische Kachelöfen) blieb nach Art und Charakter erhalten und wurde bedarfsweise so saniert, dass altersbedingte Defizite behoben wurden und helle Räume für den Seminarbetrieb entstanden. Die technische Ausstattung entspricht modernsten Anforderungen für den Seminarbetrieb (Internet, WLAN, Projektionsanlagen), die Möblierung ist wertig und bequem zugleich.

Die Außenanlagen konzipierte die TUM-Landschaftsarchitektin und ehemalige Vizepräsidentin Regine Keller. Dabei hat man die großzügige Freifläche (einst Klosterhof) in der Form- und Materialsprache dem beeindruckenden Gebäudeensemble untergeordnet. Die Einteilungen der Rasenfläche vor dem Prälatenstock bilden das Fensterraster der Fassade ab. Die »Rossschwemme« am historischen Ort ist in einer kreisförmigen Stufenstruktur angelegt und wird von einem natürlichen, historisch belegten Bachlauf durchströmt. Das verwendete Nagelfluhgestein nimmt den geologischen Bezug zur Salzachregion auf. Den Weg zur Klosterkirche hin zieren unterschiedlich große Eibenkugeln, die Leitpflanze der Zisterzienser.

Der ebenerdige Gewölbesaal im Prälatenbau eignet sich aufgrund seiner Fläche (161 qm) und Kubatur sowohl für festliche Veranstaltungen als auch für Ausstellungen bei Konferenzen. In der warmen Jahreszeit steht für Konferenzpausen der Gartensaal (sogenanntes Gartenstöckl) mit Gastronomie zur Verfügung. Dieses Gebäude, als Flügelanbau respektvoll hinter dem Prälatenbau zurückgesetzt (1769), gewinnt seinen südländischen Charakter durch die Loggia, die sich mit den Arkadenbögen längsseitig zum ehemaligen Abtsgarten hin öffnet. Dort stand ursprünglich die Aula Minor, das sogenannte Salettl. Im Garten lädt ein prächtiger Blick hinunter ins Salzachtal ein, gegenüber liegt schon Österreich mit dem ausgedehnten Weilharter Forst.

Es spricht für die Stadt Burghausen, dass die mehrjährige Gebäudesanierung sowohl im Zeit- als auch im Kostenplan blieb. Nun wird die Technische Universität München das Ensemble des Prälatenbaus zunächst auf 25 Jahre als akademisches Zentrum nutzen. Zeitgleich können künftig rund 150 Personen im ehemaligen Prälatenbau tagen. Um einen möglichst dichten Nutzungsbetrieb zu erreichen, haben wir den »Seminarfonds Raitenhaslach« eingerichtet. Er wird aus Eigenmitteln der Universität, der TUM Universitätsstiftung (gegr. 2010) und privater Zuwendungsgeber gespeist; unsere Stifterin Ingeborg Pohl hat mit 1 Million Euro den achtbaren Erstaufschlag gemacht. Maecenates voco! Die bereits jetzt in Planung befindlichen Programme lassen für Raitenhaslach bald internationales Momentum erwarten. Dann dürfte sich die alte Herzogstadt Burghausen als »Wissenschaftsstadt« qualifiziert haben.

BAROCK UND ROKOKO

Die Raitenhaslacher Bautätigkeit fiel in die große Epoche des späten bayerischen Barocks mit seinen Übergängen zum Rokoko. Es war dies die Zeit der genialen Gebrüder Asam, der Viscardi, Ettenhofer, Zimmermann und Fischer, um nur einige Großmeister zu nennen. So haben die Asams über Jahrzehnte glanzvolle architektonische Höhepunkte in ganz Altbayern gesetzt: Weltenburg, Rohr, Osterhofen, Freising sind Offenbarungen dieser Epoche. Und Johann Baptist Zimmermann hat den »Helios im Sonnenwagen«, sein Hauptwerk, in die Kuppel der Wieskirche gesetzt. Allerorten unverkennbar ist der Einfluss der Italiener, denen wir die freudige Grundeinstimmung dieser Architektur- und Kunstepoche abgeschaut haben. Später, im 19. Jahrhundert, waren es die italienischen Bautrupps, von denen wohlhabende Bauern in der Alz- und Chiemseeregion ihre »Itakerhöfe« bauen ließen, leicht erkennbar an den hohen, stirnseitig gerundeten Fensterensembles in den Giebelseiten.

Der Kirchenumbau war in Raitenhaslach schon vollendet, als bei den Zisterziensern in Aldersbach, Fürstenfeld und Fürstenzell die Neubauten entstanden (1720, 1747 bzw. 1745). Das sind alles eindrucksvolle Wandpfeilerhallen, mit denen es Raitenhaslach gut aufnehmen kann, auch wenn die Asams mit dem Deckenfresko der »Weihnachtsvision des heiligen Bernhard« in Aldersbach gewaltig aufgetrumpft haben, so wie auch Johann Michael Fischer mit seiner mächtigen Doppelturmfassade – 57 Meter hoch an den Turmspitzen – in Fürstenzell, dem »Dom des Rottals«.

In dieser Zeit haben sich die Prälatenklöster gegenseitig wahr lich nichts geschenkt! Den Wettbewerb kannten und lebten auch die geistlichen Herren, und wie! Die Äbte der bayerischen Ordensprovinz visitierten gegenseitig ihre Klöster – eine Art Peer-Review, wie wir ihn heute in der Wissenschaft praktizieren. So wurde zum Beispiel die kolossale zweigeschossige Fassade von Mariä Himmelfahrt in Fürstenfeld (Ettenhofer) ein Solitär in der Kategorie Prunk (1747), und nochmals war Cosmas Damian Asam herbeigeeilt, um hier als Spätwerk die Vita des heiligen Bernhard zu verewigen (1731). Den Freisinger Dom (siehe Seite 61), als Bauwerk im 17. Jahrhundert barockisiert, kleideten die Gebrüder Asam zum 1000. Jubiläumsjahr der Ankunft des ersten Bischofs Korbinian in die Pracht ihres Jahrhunderts (1724). Ihrem Vater Hans Georg Asam verdanken wir das Deckenfresko im ehemaligen Lyzeumssaal zu Freising: Dort hat er den Triumph der Wissenschaft (Minerva) über die weltlichen Laster (Faulheit, Luxus, Wollust), natürlich unter Aufsicht der Mater

links:
Klosterkirche
Raitenhaslach
(Fassade 1751/1752).

rechts:
Klosterkirche Fürstenzell
(Fassade 1744/1774).

Ecclesiae, meisterhaft allegorisch dargestellt. Dieses Motiv würde jetzt auch für Raitenhaslach passen.

In Raitenhaslach entstanden, anders als im stolzen Aldersbach, die Klosterneubauten erst nach Fertigstellung der Kirche (samt Ausstattung): so auch jenes Prälaturgebäude (1752–1762), das uns künftig als Akademiezentrum dient. Mit den Kosten für die Klosterkirche war Abt Candidus Wenzl in ein Finanzdefizit geraten, was zu Streitigkeiten im Konvent und 1700 letztlich zu seinem Rücktritt führte (†1717). Der Nachfolger Emanuel I. Scholz (reg. 1700–1733), der Hauptgegner von Candidus, leistete baulich schier gar nichts, erst mit Abt Robert Pentner ging es ab 1738 wieder weiter. Dass dann auch Abt Emanuel II. (†1780) ordentlich Schulden hinterließ, soll uns Heutige nicht mehr stören – in Fürstenfeld waren sie fast sechsmal so groß.

Abtresignationen waren damals gar nicht so selten: Auch Abt Edmund Zoz vom Zisterzienserstift Stams (Tirol) hatte kräftig gebaut und Schulden gemacht. Nach dem Rücktritt 1699 ging er nach Raitenhaslach, musste jedoch auf Weisung der kurfürstlichen Verwaltung 1701 wieder nach Stams zurück. In Raitenhaslach erlebte er an Candidus Wenzl (res. 1700) sein eigenes Schicksal ein zweites Mal.

Gut, dass es diese großen »Bauäbte« gab! So wirkten die Prälatenklöster im ganzen Land prägend auf die Entfaltung des bayerischen Barock und Rokoko. Dennoch darf man die unzähligen kleinen Dorfkirchen dieser Epoche nicht verachten. Mit ihnen haben kleinere Baumeister, Stukkateure und Freskanten den Landsleuten eine Freude gemacht! Wer Papferding, Grucking, Hohenpolding, Oppolding, Hörgersdorf und Eschlbach nicht kennt, eile schleunigst ins Erdinger Land. Dort haben Hans Kogler und seine Nachfolger als Erdinger Stadtbaumeister ein Kunststück neben dem anderen vollbracht. Man muss sich nur die filigrane Rocaille-Kunst der Kanzeln eines Johann Anton Pader ansehen (Oppolding, Hörgersdorf, Eschlbach), die virtuoser nirgendwo gelungen ist.[8a] Zu Dutzenden zählt man die (Zwiebel-)Kirchtürme aus jener Zeit, wenn man von Freising über Dorfen nach Burghausen fährt. Altes Bauernland der Kirchen und Klöster, religiös verwurzeltes Kulturland! Noch heute macht es uns stolz.

Marienberg: Blick auf den Hochaltar zur Maria Königin des Himmels (Johann Georg Lindt), Deckenfresko von Johann Martin Heigl.

Theatrum sanctum. Noch kein
Rokoko, aber eine verheißungs-
volle Ahnung davon:
Die Klosterkirche Raitenhaslach.

DIE KLOSTERKIRCHE
RAITENHASLACH [2–13]

>»Dieses Closter deß heiligen Cister-
cienser Ordens ligt in einem kleinen
Thal gantz bey dem Salza-Fluss
gegen der Gränitzen Salzburg … ist
anfänglich in dem Dorf Schitzing
(an dem Altz-Fluß gelegen) 1143
gestüfft worden … bißhero Anno
1146 transferirt worden …«
>*Michael Wening: Historico-
Topographica Descriptio Bavariae
(1701–1726), »Rennt-Ambt
Burgkhausen«, 1721*

Die Klosterkirche Raitenhaslach (Beatae Mariae Assumptio, seit
1803 St. Georg) ist ein romanischer Bau des 12. Jahrhunderts (Hoch-
altarweihe 1186). Er fällt durch seinen ungewöhnlich lang gestreck-
ten Habitus auf, wenn man sich vom Scheuerhof her nähert. Nach
der Zerstörung durch Brand erfolgte der Wiederaufbau der Basilika
in der heutigen Gestalt (1275). Der Glockenturm an der Ostseite,
schmucklos in seiner für die Zisterzienser typischen zurückhal-
tend-gedrängten Gestalt, wurde erst 1691 ergänzt. Kirchtürme hatten nämlich lange Zeit nicht in das Programm des Ordens gehört.
Die mittlere Apsis, eine romanische Konche aus der Zeit vor 1200,
ist hinter dem Hochaltar zu finden; sie wurde im Obergeschoss
zum Mönchschor umgebaut, das Erdgeschoss zu einer prunkvollen
Sakristei.

Man betritt das Gotteshaus durch die nachträglich ergänzte spätromanische Eingangshalle (1302), das sogenannte Paradies. Die Westfassade wurde, bereits mit den klassizistischen Schriftzügen einer Ädikula, in den Jahren 1751/52 vorgeblendet (Franz Alois Mayr). Dabei wurden die Seitentürme durch einen gedrungenen Turm über dem Mittelrisalit ersetzt und selbst auf arg niedrige, obeliskenhafte Helmspitzen zurückgestutzt (siehe Seite 29). Dieser Fassade fehlt der Stolz einer Doppelturmfront wie etwa in Waldsassen (1692) oder Fürstenzell (1744), doch wollte man in Raitenhaslach ja »*ein Closter, nit einen Pallast*« (Abt Pentner) bauen.[3a] Raitenhaslach verzichtete bewusst auf die höfische Magnificenza.

Zur Zeit des Umbaus muss die Kirche eine Großbaustelle ungeheuren Ausmaßes gewesen sein: Die romanischen Bündelpfeiler wurden aus dem Innenraum entfernt, die Hochschiffmauern abgetragen, das romanische Kreuzgratgewölbe eingeworfen, mächtige neue Pilaster seitwärts hochgemauert, die Außenmauern der Seitenschiffe um 5 Meter erhöht, von der neuen Einwölbung unter dem neuen Dachstuhl ganz zu schweigen. Dieser Umbau erfolgte 1694–1698 unter Abt Candidus Wenzl (reg. 1688–1700) zum 600-jährigen Ordensjubiläum der Zisterzienser (1698), das dann auch maßvoll gefeiert wurde. Die Umgestaltung machte aus der dreischiffigen, zehnjochigen Pfeilerbasilika eine einschiffige, sechsjochige tonnengewölbte Wandpfeilerkirche mit Quertonnen bei den Seitenaltären. Der mutige Baumeister war Josef Vilzkotter aus Steckenbach (Innbaiern), assistiert von seinem Sohn Thomas und dem Burghauser Schlosszimmerermeister Daniel Eggl. Die eindrucksvolle Barockausstattung, wie sie uns heute empfängt, erhielt die Kirche dann unter Abt Robert Pentner (reg. 1734–1756) zum 600-jährigen Klosterjubiläum (1743). Es ist noch kein Rokoko, aber eine verheißungsvolle Ahnung davon! Die Handwerker und Künstler kamen überwiegend aus dem Umfeld von Burghausen (unter anderem die Maurerfamilien Mayr und Pöllner aus Trostberg). Zum 800-jähri-

gen Weihedatum der Klosterkirche (1986) erfolgte eine mehrjährige
umfassende Innenrenovierung, um die sich Pfarrer Franz Aicher in
höchstem Maße verdient gemacht hat, man möchte sagen für die
Ewigkeit. (Auf seine Initiative und Hartnäckigkeit geht auch die später erfolgte Renovierung der nahen Wallfahrtskirche Marienberg
zurück.)

Der Orgelprospekt
in der Klosterkirche,
flankiert von der heiligen
Cäcilia und König David,
den Patronen der
Kirchenmusik.

     Das querschifflose Langhaus unter dem mächtigen Hauptfresko
von Johannes Zick aus Lachen im Allgäu (1702–1762), das Stationen
aus der Lebensgeschichte des Ordensheiligen Bernhard von Clair-
vaux zeigt (sign. 1739), strebt auf das choreografisch als Theatrum
Sanctum angelegte Presbyterium zu. Dieses öffnet sich zwischen
zwei mächtigen Stuckmarmorsäulen hinter einem blau-silbernen,
als geraffte Stuckdraperie gefertigten Vorhang, der den Jochbogen
abschließt. Das Hochaltarbild zeigt, wie fast immer in den Kirchen

Laudent universi nomen eius in choro, psalterio, organis, tubisque benesonantibus. – Alle sollen seinen Namen loben im Wohlklang des Chores, der Psalmen, der Orgel und Posaunen.

der Zisterzienser, die Aufnahme Mariens in den Himmel (Assumptio Mariae, Patrozinium 15. August). Die Gottesmutter ist nämlich die Ordensheilige der Zisterzienser. Dieses Altarblatt stammt ebenfalls von Johannes Zick, der sich als Hofmaler des Freisinger Fürstbischofs dort Anregungen von den Asams geholt hatte (Mariendom 1724).

Die vier Altarfiguren zeigen außen die ursprünglichen Kirchenheiligen St. Georg (links) bzw. St. Pankratius (rechts) sowie innen die Ordensgründer: St. Benedikt (links) bzw. St. Bernhard. So wird man daran erinnert, dass die Zisterzienser ein Reformorden der Benediktiner waren, mit den gleichbleibenden Ordensprinzipien des »Ora et labora« und der »Stabilitas Loci«. Gekrönt wird das Hochaltarensemble von der Heiligen Dreifaltigkeit. Auf dem abschließenden Deckenfresko im Chorraum wird die Seele des Ordensgründers Bernhard inmitten seliger Reigen in den Himmel geführt.

Die Orgelempore wird »getragen« von der Sinnbestimmung der geistlichen Musik: »Laudent universi nomen eius in choro, psalterio, organis, tubisque benesonantibus« (Alle sollen seinen Namen loben im Wohlklang des Chores, der Psalmen, der Orgel und Posaunen). Das Deckenfresko über der Orgelempore zeigt ein Engelskonzert. Der Orgelprospekt, in der heutigen Ornamentik original erhalten aus dem Jahre 1743, wird von den beiden Patronen der Kirchenmusik flankiert, David und Cäcilia. Die mechanische Barockorgel wurde 1904 von Martin und Max Hechenberger durch ein pneumatisches Werk ersetzt (1904, II+P/21).

Eine Besonderheit sind die 136 Wappen ritterschaftlicher Familien aus dem österreichisch-bayerischen Stammesgebiet (das Innviertel jenseits der Salzach gehörte damals zu Bayern). Diese Familien hatten das Kloster Raitenhaslach zu ihrer Grablege bestimmt, indem sie sich als »Guttäter des gottshaus Raitenhaslach« gewissermaßen einkauften. Tatsächlich sind über 700 Mitglieder (von ca. 170 Stifterfamilien) in Raitenhaslach beigesetzt (1148–1502)[16]. Die Wappen befinden sich auf den Gebälkgesimsen und den Pilasterkapitellen.

Auf dem Weg zum Presbyterium überschreitet man im Mittelgang eine Marmorplatte, die ursprünglich das an dieser Stelle befindliche Wittelsbacher Hochgrab bedeckt hatte. Damit wird der Bezug zur mittelalterlichen Herzogstadt Burghausen augenfällig. Raitenhaslach war ein bevorzugtes »Hauskloster« der Wittelsbacher. Wo hier Ludwig der Gebartete (†1447) oder die polnische Königstochter Hedwig (†1502), jene von der Landshuter Hochzeit (1475) liegen, das weiß freilich niemand mehr, und es ist ja auch nicht so wichtig.

Im Barockzeitalter war es üblich, sogenannte Katakombenheilige aus der christlichen Frühzeit in Kirchen nördlich der Alpen zu

Das »Heilige Grab«
in der Vorhalle des
Kirchenraums
(»Paradies«) ist eines
der originellsten in
Altbayern.

bringen, so auch nach Raitenhaslach: Im Jubiläumsjahr 1698 kamen aus Rom die Gebeine von Ausanius, Concordia und Fortunata – angeblich Vater, Mutter und das einjährige Töchterchen einer »hochadligen« römischen Märtyrerfamilie. Später erwarb Abt Pentner die Gebeine der römischen Märtyrerin Olympia, die in einem goldverzierten Glassarkophag auf dem Bernhardsaltar ausgesetzt sind. Die »heiligen Leiber« sind prächtig in Samt- und Goldbrokat gekleidet. Nach dem kanonischen Recht von 1860 waren dann die sogenannte Illiation (Einholung der Körper von (angeblichen) Heiligen) und der Reliquienhandel nicht mehr gestattet.

Die Vorhalle, durch die man in den Kirchenraum gelangt, hieß bei den Zisterziensern »Paradies«[10]. Links erhebt sich das Heilige Grab, ein bühnenartiger Aufbau mit zwei Flügeltüren. Das Konzept geht auf Abt Robert Pentner aus der Zeit um 1755 zurück. Es ist »*ein zu Stein gewordenes Theatrum Sanctum und versinnbildlicht den Sieg des auferstandenen Christus über das irdische Reich sowie über Tod und Teufel*« (E. Krausen). In der Mitte sitzt die Mater Ecclesiae (Frau mit Tiara) mit einem goldenen Kreuz; sie hält eine Monstranz und das eucharistische Brot in den Händen. Zu ihren Füßen das Brustbild von Kaiser Tiberius mit den römischen Reichsinsignien (in Tiberius' Regierungszeit fällt die Kreuzigung Christi). Eine Drehtrommel im Sockel zeigt neun Szenen aus der Leidensgeschichte Christi. Seitlich kauern Tod und Teufel: »Ubi est mors victoria tua, nequam ubi est modo tua nequitia?« (Tod, wo ist dein Sieg? Nichtsnutziger, wo ist denn nun deine Verdorbenheit?) In der Gruftnische des Felsengrabs liegt Christus (in der Karwoche) unter dem Spruchband »Erit sepulcrum eius gloriosum« (Und sein Grab wird herrlich sein; Jesaia 11,10). Hoch oben thront der Auferstandene mit der Osterfahne. Dieses Heilige Grab ist mit seiner allegorischen Figurendarstellung eines der originellsten in Altbayern. Es richtet sich aus der Finsternis ins Licht auf und stimmt uns hoffnungsfroh.

Wer die vierzehn Nothelfer identifizieren oder gar eine(n) von

Halbprofilbüsten
der vierzehn Heiligen
Nothelfer in der
Klosterkirche (Johann
Jakob Schnabl, †1756).

ihnen anrufen möchte (es sind leider nur drei Frauen dabei!), mag
am Altar rechts hinten innehalten: In der Altarnische sieht man
ihre Halbprofilbüsten als kunstvolle Schnitzwerke (Johann Jakob
Schnabl, Burghausen) in einer frühbarocken Farbfassung. Die heilige Katharina (»s'Madl mit dem Radl«) ist auch dabei, die Schutz-
patronin der Wissenschaftler.

Kloster Raitenhaslach aus der Vogelperspektive,
malerisch in der Salzachschleife gelegen.

DIE »WEISSEN MÖNCHE« VON RAITENHASLACH [6, 12]

Raitenhas(e)lach taucht erstmals um 800 in den »Breves Notitiae Salzburgenses« auf, dem Güterverzeichnis der Erzdiözese Salzburg. Die Stiftung des Klosterareals an das Erzstift Salzburg verdankt man Graf Wolfker von Wasentegernbach (bei Schwindegg) und seiner Frau Hemma (1143). So entstand diese älteste Klosteransiedlung der Zisterzienser in Bayern. Zuerst in Schützing an der Alz, unweit von Burghausen, wurde sie kurz darauf (1146) in das nahe Raitenhaslach an der Salzach verlegt: Auf der nacheiszeitlichen Schotterstufe fühlte man sich sicherer als drunten im Tal der ungebärdigen Alz bei Schützing. Erst später sollte man erfahren, dass die oberflächennahe, wasserundurchlässige Flinzschicht zu reichlich Quellwasser führt und so den Gebäudefundamenten zusetzt. Deshalb wurde das Bodenniveau sukzessive um 0,8 Meter angehoben, zunächst im Jahr 1295 und später noch einmal beim großen Kirchenumbau von 1694 bis 1698.

Raitenhaslach hatte seinen Namen wohl von einem gewissen Reito (Raito), dem der »Haselwald« ringsherum gehörte.

Als Reformorden aus dem Benediktinerorden hervorgegangen (1098), wie später auch die (strengeren) Trappisten, legten die Zisterzienser besonderen Wert auf spirituelle Weltabgeschiedenheit, einfache Lebensweise, handwerkliche Arbeit und Gottesverehrung. So hielten sie an der Benediktinerregel »Ora et labora« (Bete und arbeite) ebenso fest wie am Ortsprinzip »Stabilitas Loci«. Die Ausbreitung des Ordens erfolgte nach dem sogenannten Filiationsprinzip: Raitenhaslach war ein Tochterkloster der Reichsabtei Salem. Es

gehörte im 13./14. Jahrhundert zu den wohlhabendsten Klöstern Altbayerns, mit weit nach Ober- und Niederösterreich hineinreichen-
den Besitzungen. Vorausgegangen war eine erste Schenkungswelle
im 12. Jahrhundert, die ausgedehnten Grundbesitz im Alztal, im
Chiemgau und Pinzgau, im Land zwischen Rott und Inn sowie jenseits der Salzach im Weilharter Forst gebracht hatte. Ein Salinenan-
teil in Hallein und Weinbergbesitz bei Krems an der Donau gehör-
ten ebenfalls dazu. Entscheidend zu diesem Aufschwung trug bei,
dass die Wittelsbacher ab 1255 (erste bayerische Teilung) das nahe
Burghausen als zweite Herzogsresidenz wählten: In zahlreichen
Urkunden erhielt Raitenhaslach herzogliche Privilegien (unter anderem Schutz vor Pfändung, limitierte Zollfreiheit auf den Straßen
des Herzogtums). Der Abt von Raitenhaslach gehörte zum Präla-
tenstand der bayerischen Landschaft und erhielt 1397 als infulierter
Prälat das Recht der Pontifikalien, später war er noch Generalvikar
der bayerischen Ordensprovinz der Zisterzienser (Abt Candidus
Wenzl). Und er übte die niedere Gerichtsbarkeit aus (Hofmark); der
Hofrichter hatte eine hohe, gut dotierte Stellung und sogar das Pri-
vileg, im »Paradies« der Klosterkirche beigesetzt zu werden.

Das 16. und 17. Jahrhundert meinten es weniger gut mit der
Abtei: Der Klosterbrand 1485, der verheerende Landshuter Erbfolgekrieg 1505, landesherrliches Eingreifen unter Rücktritt mehrerer
Äbte sowie die Klosterreform nach 1590 führten zum wirtschaftlichen Niedergang. Die Zeit des Dreißigjährigen Krieges (1618–1648),
in dem vor allem die Raitenhaslacher Klosterbesitzungen emp-
findlich in Mitleidenschaft gezogen wurden, tat dann ein Übriges.
Obwohl die unmittelbare Nachbarschaft (Rupertigau, Innviertel)
kriegerisch weitgehend verschont blieb, litt sie massiv unter der Pest-
epidemie 1647–1650.

Anschließend blühte das Klosterleben nur langsam wieder auf.
Wie überall im Land setzte um die Wende zum 18. Jahrhundert eine
rege Bautätigkeit ein, die in Raitenhaslach vor allem die Barockisie-

rung der Klosterkirche und die Errichtung neuer Klostergebäude umfasste (unter anderem Prälatenbau, Klosterbibliothek, Brauerei). Auch andernorts initiierten die Raitenhaslacher Zisterzienser Kirchenbauten oder Umgestaltungen (zum Beispiel Marienberg, Margarethenberg). Den Auftakt zur großen, epochenprägenden Erneuerung hatte der Neubau des monumentalen Salzburger Doms gegeben, der inmitten der Windstille des Dreißigjährigen Krieges entstand (1614–1628), erstes Wahrzeichen des süddeutschen Kirchenbarocks. Ihm folgten ab 1663 der Bau der Theatinerkirche St. Kajetan und des Schlosses Nymphenburg im München des Kurfürsten Ferdinand Maria. Dort waren der Italiener Agostino Barelli und der Graubündner Enrico Zuccalli am Werk, der auch dem Altöttinger Kapellplatz seine großzügige Struktur verlieh.

In dieser Zeit des Aufschwungs entfaltete die Abtei vielfache pädagogische Aktivitäten (Hauslehranstalt 1693, Gemälde- und Kupferstichsammlung, Naturkundliche Sammlung, Münzsammlung). Im 18. Jahrhundert entstand das Institut für Singknaben (untergebracht im eigenen »Singknabenstöckl« neben der Klosterkirche), die auch außerhalb des Klosters auftraten.

Die Raitenhaslacher Mönche waren land- und forstwirtschaftlich aktiv in der Fischzucht, im Weinbau und im Schwaigenbetrieb. Ab 1614 unterhielten sie eine Papiermühle, für eine gewisse Zeit auch eine Kupfer- und Eisenhammerschmiede. Und sie traten durch Leistungen im Wasserbau hervor.

Für die Seelsorge in den inkorporierten Pfarreien wurden durchschnittlich etwa zehn Konventsmitglieder als Vikare *(expositi)* entsandt. So wurden vom Schupfinger »Herrenhaus« aus die Pfarreien Halsbach, Burgkirchen a. d. Alz, Wald a. d. Alz und Margarethenberg betreut (siehe Seite 64f.).

Der weit verstreute Grundbesitz wurde über Klosterämter in der jeweiligen Region verwaltet, die oft mit der Pfarrseelsorge verbunden waren. Nur für den Besitz im engsten Umkreis war Raitenhaslach als *officium proximum* selbst zuständig. Die Erhebung der Naturalleistungen hatte der Kastner zu verantworten.

Unter dem letzten Abt Ausanius Detterle, der 1829 seine Ruhestätte auf dem Friedhof von Marienberg fand, endete mit der Säkularisation am 1. April 1803 die über 650-jährige Geschichte des Klosters. Zuletzt waren 37 Konventuale in Raitenhaslach, und es befanden sich ca. 10 Hektar Wiesen und Felder sowie ca. 25 Hektar Waldungen im (überschaubaren) Klosterbesitz.

Die Konfiszierung des Klostervermögens oblag Franz Graf von Armansperg, Landrichter von Burghausen. Der Landrichter, der den widerspenstigen Abt als »Erzdummkopf« bezeichnete[6], wollte auch den Abriss der angeblich baufälligen Rokokokirche St. Maria Himmelfahrt, einer beliebten Wallfahrtskirche im benachbarten Marienberg, erzwingen. Dieser Versuch scheiterte am »gachgiftigen« Widerstand der bäuerlichen Bevölkerung. Die aufmuckenden Dorfbewohner wurden zwar zeitweise ins Salzburger Gefängnis gesperrt, aber sie hatten Kronprinz Ludwig, den späteren König Ludwig I., auf ihrer Seite: Er war in Begleitung seiner Frau Therese nach Marienberg gekommen (1812), um das entscheidende Machtwort zu sprechen. So war Marienberg für die Nachwelt gerettet.

Über Raitenhaslach sind mehr als 1400 Urkunden überliefert (davon 550 vor dem Jahr 1400), sodass ein guter historischer Überblick vorliegt.[12] Nach der Säkularisation ist nämlich das umfangreiche Klosterarchiv nahezu vollständig erhalten geblieben. Ganz im Gegensatz zur Klosterbibliothek: Ihre Bestände gingen teils an andere Bibliotheken (ca. 8000 Bände), teils wurden sie zum Kilopreis an Altpapierhändler und Papierfabriken verscherbelt (ca. 6050 Bände). Zum Vergleich: Tegernsee hatte 80000 Bände, Polling 60000! Wir schätzen es als symbolische Geste sehr hoch, dass uns der TUM-Alumnus Professor Gottfried Huttner (Universität Heidelberg) die Bibliothek seiner Eltern Karl und Paula Huttner für das neue Raitenhaslach überlassen hat. Der Chemiker Dr. Karl Huttner (1899–

1970)[5] war langjähriger Werksleiter der Anorgana (später Hoechst) in Gendorf/Burgkirchen.

Ein Revitalisierungsversuch des Raitenhaslacher Klosters durch Zisterzienser aus Ossegg (Sudetenland) nach dem Ende des Zweiten Weltkriegs blieb ohne Erfolg, weil der als Pfarrkurator eingesetzte Abt Eberhard Harzer am Allerseelentag 1949 plötzlich verstarb.

Heute gibt es in Bayern kein Zisterzienserkloster mehr, aber vier Klöster der Zisterzienserinnen: Seligenthal (Landshut), Waldsassen, Thyrnau bei Passau und Oberschönenfeld in Schwaben. Für Seligenthal (1232–1803, rekonstituiert 1836) fungierte der Raitenhaslacher Abt zeitweise als »Vaterabt«, der dem Nonnenkloster auch den Beichtvater zu entsenden hatte. Der Raitenhaslacher Prälatenbau wurde 1901 den Schwestern der aufgelassenen Zisterzienserinnen-Abtei Rathausen bei Luzern angeboten (säk. 1848); da das Gebäude zu groß erschien, verzichtete man auf seine Übernahme und zog stattdessen in das ehemalige fürstbischöfliche Jagdschloss Thyrnau.

DIE RAITENHASLACHER
»BAUÄBTE«

Abt Candidus Wenzl, der große Barockprälat von Raitenhaslach, der den Umbau der romanischen Pfeilerbasilika in eine barocke Wandpfeilerkirche veranlasste.

Candidus (Christoph) Wenzl (1655–1717)

Der große Barockprälat von Raitenhaslach (reg. 1688–1700) initiierte den gewaltigen Umbau der Klosterkirche 1694–1698 und eröffnete 1693 eine Hauslehranstalt für Kleriker. Probleme mit seinem Konvent, der ihm Selbstherrlichkeit bei der Verwirklichung seiner Bauvorhaben und einen allzu strengen Umgang mit den Mitbrüdern vorwarf, führten zu seiner Frühresignation (1700). Aber auch über seinen (schwachen) Nachfolger Emanuel I. Scholz gingen immer wieder »litterae querelis plenae« im Mutterkloster Salem ein.

Abt Robert Pentner, der mit der Barock-ausstattung der Klosterkirche das Wunder von Raiten-haslach vollbrachte und auch den Prälatenbau ins Werk setzte.

Robert Pentner (1697–1756)

Der große »Bauabt« des Spätbarocks (reg. 1734–1756). Er ließ die Klosterkirche ausstatten und den Prälatenbau errichten. Vielleicht wäre auch sein unmittelbarer Vorgänger Kilian Waltenberger (reg. 1733/1734) ein tüchtiger »Bauabt« geworden, hätte er nur länger leben dürfen! Immerhin hat er uns bis auf den heutigen Tag den »Felsen-bierkeller« hinterlassen.

Abt Emanuel II. Mayr vollendete den Prälatenbau, ließ die Aula Maior künstlerisch ausstatten und schuf die Rokoko-Kirche Marienberg.

Emanuel II. (Felix) Mayr (1717–1780)

Der Prälat des Rokoko (reg. 1759–1780) wurde für die Urkunden-Edition seines Klosters (Monumenta Boica) Mitglied der Churbaie-rischen Akademie der Wissenschaften (gegr. 1759, heutige Bayeri-sche Akademie der Wissenschaften). Er ließ den Festsaaltrakt des Prälatenbaus (1759–1766), die neue Brauerei (1772), das Konventsge-bäude mit Refektorium (ab 1777) und den Südtrakt (1778/79) sowie die nördlichen und westlichen Kreuzgangsflügel errichten. Sein größtes Verdienst aber war der Bau der Wallfahrtskirche Marien-berg, im Übrigen die teuerste Maßnahme (45 000 fl.) der ganzen Baukampagne seit 1751. In Marienberg ist sein Herz in einer Zinn-

Das Herz von Abt Emanuel II. Mayr ist unter einer Gedenkplatte vor dem Presbyterium der ehemaligen Wallfahrtskirche Marienberg bestattet.

urne unter einer Gedenkplatte vor dem Presbyterium bestattet.[15] Der Nekrolog auf Emanuel stellt sein Arbeitspensum unter das Motto »Nulla dies sine linea« – kein Termin (Tagwerk) ohne Plan (Ref. 6, S. 336).

Theobald (Joseph) Weissenbach (1737–1792)
Der »Bauabt« der neuen Klosterbibliothek (reg. 1780–1792) ließ unter anderem das »Papstzimmer« einrichten und künstlerisch ausgestalten (siehe Seite 22f.). Unter ihm erfolgte die Öffnung des Klosters für die Wissenschaft in der Folge der katholischen Aufklärung in Bayern.

Abt Ausanius Detterle,
der letzte Abt von Raitenhaslach.

Ausanius (Michael) Detterle (1755–1829)

Der letzte Abt, Ausanius (Michael) Detterle (reg. 1801–1803), be-
wohnte nach der Säkularisation das »Abteistöckl« neben der Klosterkirche, das er privat erworben hatte. Als Kommoranten-Priester
widmete er sich der Pfarrseelsorge, betrieb eine Obstbaumzucht
und versuchte sich am Safrananbau im Salzachtal. Daneben hatte er
ein kleines Geldinstitut. Sein Vermögen setzte er für Bedürftige und
für kirchliche Anschaffungen ein (zum Beispiel Orgel, Turmuhr).
Er ruht auf dem Friedhof von Marienberg.

RAITENHASLACH UND SALZBURG

Zur Zeit der Raitenhaslacher Klostergründung war Salzburg eine Bischofsstadt, seit Herzog Theodo II. von Bayern das alte Iuvavum Bischof Rupert zur Christianisierung des Landes überlassen hatte (696, Bischofssitz 739). Als Kirchenprovinz (Erzbistum 798) umfasste Salzburg nahezu das gesamte altbaierische Stammesgebiet und große Teile des heutigen Österreichs. Zum einstigen römischen Oppidum Iuvavum – Teil der Provinz Noricum – hatten unter anderem der Rupertiwinkel, der Chiemgau und Teile des Innviertels gehört.

Als geografisch umschriebenes Herrschaftsgebiet war das Erzbistum im Jahre 1275 komplett, als der Herzog zu Bayern-Landshut im zweiten Vertrag von Erharting auch die westlichen Grenzen (Rupertiwinkel der Grafen von Lebenau bzw. Plain) bestätigt hatte. Nach der Schlacht von Mühldorf (1322) wurde Salzburg ein selbstständiges geistliches Fürstentum des Heiligen Römischen Reichs im bayerischen Reichskreis. Wie Freising hatte es im Reichsfürstenrat eine Virilstimme auf der geistlichen Bank. Status und Grenzen blieben bis zur Säkularisaton 1803 praktisch unverändert, also nahezu 500 Jahre. Anschließend wurde das Salzburger Territorium kurzzeitig ein weltliches Kurfürsten- bzw. Herzogtum, bevor im Münchner Vertrag (1816) nach einigem Hin und Her die Zuordnung zum Kaiserreich Österreich erfolgte.[8]

Unstrittig war der Salzburger Metropolit der mächtigste geistliche Herrscher in den bayerischen Stammlanden: Die Kirchenprovinz Salzburg umfasste immerhin die (Suffragan-)Diözesen Passau,

Regensburg, Freising und Brixen sowie die Eigenbistümer Chiemsee, Seckau, Gurk und Lavant.

Die Zisterze Raitenhaslach war seit ihrer Gründung 1143/1146 ein exemtes Eigenkloster auf dem Territorium des Erzstifts Salzburg. Im Laufe seiner Geschichte wurde der Einfluss der bayerischen Herzöge immer stärker, nicht zum Nachteil des Klosters. Durch die Verleihung der Rechte einer Hofmark (1258) erhielt der Abt auch landesherrliche, also weltliche Gewalt.

Im Jahre 1821 wurde Raitenhaslach als Pfarrei dem Bistum Passau zugeordnet (Circumscriptionsbulle). Die ehemals inkorporierten Pfarreien des Klosters wurden neu geordnet und je nach Lage auf die Bistümer Salzburg, München und Freising bzw. Passau aufgeteilt. Das Bistum Chiemsee (seit 1216), dessen Bischöfe seit dem 14. Jahrhundert im Salzburger Chiemseehof (heute Landesregierung) residierten, war 1808 erloschen. Die ehemals selbstständige Gemeinde Raitenhaslach (Wappen siehe Seite 9) kam bei der bayerischen Gebietsreform von 1978 zu Burghausen. Selbstbewusst hat sich der Ort aber eine zweiklassige, gut funktionierende Grundschule erhalten, ebenso wie ein reges, identitätsstiftendes Vereinsleben.

Das Verhältnis zwischen dem Abt von Raitenhaslach und dem (Fürst-)Erzbischof von Salzburg war nicht immer spannungsfrei, zumal die niederbayerischen Herzöge an einer machtpolitisch vorteilhaften gedeihlichen Klosterentwicklung interessiert waren. Deshalb engagierten sie sich vielfach durch Schenkungen und Privilegien, mischten sich aber immer wieder in die Abtswahlen ein und achteten darauf, dass zum Abt möglichst nur ein bayerisches Landeskind gewählt wurde. Einer kurfürstlichen Genehmigung bedurften grundsätzlich die Baumaßnahmen.

Eine Reihe von Papstprivilegien stützten das Kloster, dessen rechtlich starker Exemtionsstatus von den politischen Lagern in Bayern und Salzburg weitestgehend respektiert wurde. Der Salzburger Metropolitanbischof, der als Einziger noch heute den Titel »Primas Germaniae« führt, hielt sich so weit zurück, dass er selbst zur Benediktion der Raitenhaslacher Äbte – wenn überhaupt – seinen Bischof von Chiemsee schickte. Üblicherweise wurde die Abtsweihe aber von anderen Äbten vorgenommen (vor allem Salem, Aldersbach).[6] Zur Priesterweihe hingegen mussten die Raitenhaslacher Konventualen ausnahmslos am Sitz des Erzbischofs (»Ordinarius«) in Salzburg antreten.[6] Studiert hatten sie zumeist an der Benedictina in Salzburg, in der Hauslehranstalt Rott am Inn oder an der Landesuniversität Ingolstadt.

Keine Rolle spielte das (Salzburger) Archidiakonat Baumburg, dem Raitenhaslach formal zugeordnet war. Man beschränkte sich auf gutnachbarschaftliche Beziehungen, letztlich hatte man da nichts zu sagen. Einmal durfte der Baumburger Propst auf päpstliche Weisung den Raitenhaslacher Konvent vom Kirchenbann lossprechen.[6]

Das Fürsterzbistum Salzburg (Erzstift) hatte also über Jahrhunderte die Rolle eines geistlichen Pufferstaats zwischen den Herrscherhäusern Habsburg und Wittelsbach, rechtlich war es als reichsunmittelbarer Ständestaat völlig autonom. So müssen wir auch festhalten, dass Wolfgang Amadé Mozart schlichtweg ein »Salzburger Unterthan« war, kein Österreicher also, denn die Nationalstaaten haben sich erst im 19. Jahrhundert entwickelt. Mozart nannte sich einen »treuen Teutschen«, womit er aber gewiss den Sprachraum meinte.

RAITENHASLACHER
BRAUTRADITION

Die Bierherstellung gehörte zu den Wirtschaftszweigen des Raitenhaslacher Klosters. Eine eigene Braustätte ist jedoch erst im Jahre
1313 nachgewiesen, womit sie also deutlich jünger ist als die älteste
Brauerei der Welt – Weihenstephan, 1040! Hergestellt wurde bereits
damals dunkles Gerstenbier und (weißes) Weizenbier, laut Abrech-
nung des Kellermeisters. Im 18. Jahrhundert erfolgten Erweiterun-
gen (Felsenkeller 1734, besteht noch heute am Ortseingang) sowie
Modernisierungen (Brauhausneubau 1772/73). In den Jahren vor der
Säkularisation lag der Bierausstoß bei rund 2400 Hektolitern Winter-
bier und 740 Hektolitern Sommerbier, bei etwa 60 Prozent Eigen-
bedarf des Klosters einschließlich Klosterwirt, der einzigen Bier-
wirtschaft der Abtei. Nach der Klosteraufhebung bedurfte es sechs
Versteigerungen, um einen Käufer zu finden: Es war schließlich der
Braumeister Franz Xaver Baumgartner (1769–1838).

Sein Nachfahre Emil Baumgartner ließ 1908 ein modernes
Brauhaus mit Mälzerei errichten. Die Pläne stammten von keinem
Geringeren als Theodor Ganzenmüller (1864–1937), womit ein wei-
terer Bezug zur heutigen TU München hergestellt ist: Der Maschi-
nenbau-Ingenieur Ganzenmüller, zunächst in München bei Krauss
& Comp. und Linde tätig, war seit 1894 Professor an der Königlich
Bayerischen Akademie für Landwirtschaft und Brauerei in Weihenstephan, die letztlich der damaligen TH München »einverleibt«
wurde (1930). Der bei den Studenten als »Dampf-Theo« beliebte
Professor Ganzenmüller hatte 1906 das Büro für Brauerei und Mälzerei in Weihenstephan mitbegründet. Er konzipierte die dampf-

Professor Theodor
Ganzenmüller,
Pionier der Brau-
technologie.

beheizten Braupfannen, die an die Stelle der bis dahin verwendeten
holz- oder kohlebeheizten »Feuerpfannen« traten. Damit wurde
Theodor Ganzenmüller zum Pionier der Brautechnologie. In die
ganze Welt sind die in Weihenstephan ausgebildeten Brauingenieure

ausgeschwärmt, bis auf den heutigen Tag. Die TU München ist welt-
weit die einzige Universität mit eigener Bierbrauerei (Bayerische
Staatsbrauerei Weihenstephan im Ressort des Wissenschaftsminis-
teriums).

Theodor Ganzenmüllers Ingenieurbüro existiert in der Nach-
folge noch heute, die Klosterbrauerei Raitenhaslach der Baumgart-
ners hat das 21. Jahrhundert jedoch nicht mehr erlebt. Das heute
unter Denkmalschutz stehende alte Brauereigebäude wird als Er-
weiterungsoption für das TUM Science & Study Center Raitenhaslach vorgehalten. Dank der Initiative der Stadt Burghausen befindet
es sich im grundsanierten Zustand und ist direkt mit dem Prälatenbau verbunden.

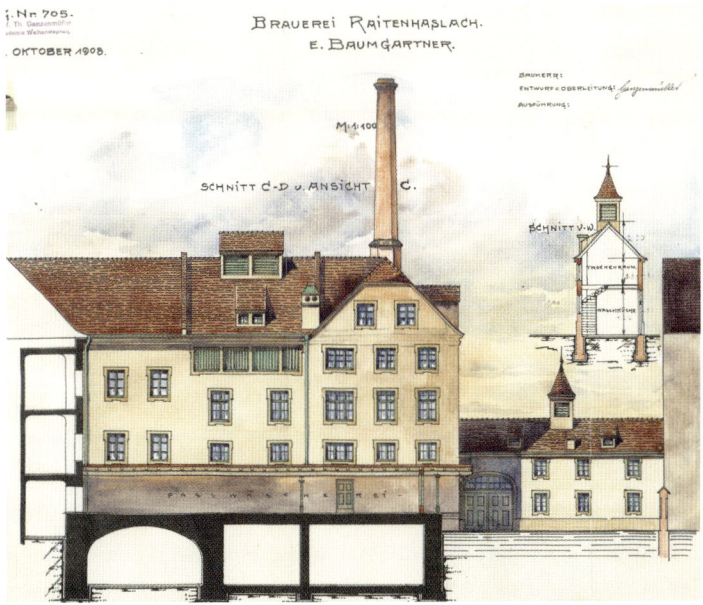

Das neue Brauerei-
gebäude des Emil
Baumgartner (1908).

RAITENHASLACH, WEIHENSTEPHAN

So unterschiedlich die Historie der beiden TUM-Standorte Raitenhaslach und Weihenstephan daherkommen mag, beide verdanken ihren akademischen Ursprung der Tradition bayerischer Klöster, aber auch der (ambivalent zu bewertenden) Säkularisation von 1803.

Die Geschichte Weihenstephans reicht weit in das 8. Jahrhundert zurück. Sie ist eng mit dem ehemaligen Benediktinerkloster auf dem heutigen Campusberg (»Nährberg«) und mit dem Namen des ersten Freisinger Bischofs Korbinian verbunden. Das allgemein angenommene Gründungsjahr der Brauerei Weihenstephan – 1040 – ist halbwegs plausibel, jedenfalls ist eine jahrhundertelange Brautradition nachgewiesen. Wie in Raitenhaslach auch, erfolgte die Klosterauflösung 1803, im Anschluss daran wurden die Kirche und der größte Teil des Konventgebäudes abgerissen. Die Güter und Rechte der Abtei gingen auf den bayerischen Staat über (ab 1806 Königreich Bayern), verwaltet vom Königlichen Staatsgut Schleißheim. In die erhalten gebliebenen Klostergebäude hielten die Kurfürstliche Centralbaumschule und die Musterlandwirtschaftsschule des Max Schönleutner Einzug. Einen »Brauer-Cursus« gab es ab 1865. Später wurde die Ausbildungsstätte zur Königlich Bayerischen Akademie für Landwirtschaft und Brauerei (1895) und schließlich zur Hochschule (1919) mit eigenem Promotionsrecht (1924) erhoben. Die Eingliederung in die damalige Technische Hochschule München erfolgte nach heftigen Streitigkeiten und Widerständen im Jahre 1930. Heute ist das Wissenschaftszentrum Weihenstephan für Ernährung, Landnutzung und Umwelt (Life Science-Zentrum)

Der Freisinger
Mariendom, dessen
barocke Ausstattung
die Gebrüder Asam
schufen.

eine der großen, erfolgreichen und international wirksamen Fakultäten der Technischen Universität München.

Burghausen und Freising sind historisch auf unterschiedliche Weise gleichermaßen von Bedeutung: Burghausen als weltliche Herzogstadt, das geistliche Freising als Sitz des Fürstbistums (Hochstift 1294–1802). Freising gehörte mit Salzburg, Passau und Regensburg zu den ersten Diözesen nördlich der Alpen (Bonifatius, 739), mit Besitzungen bis nach Südtirol hinunter (zum Beispiel Innichen im Pustertal). München kam ja erst viel später dazu, und zwar zulasten der Freisinger Mauteinahmen! Dieses München war es auch, das Burghausen den Glanz als Hauptstadt nahm. Wir haben also Grund zur Demut!

MUSIK UND THEATER

Die Landschaft entlang der Salzach zwischen Salzburg und Burghausen ist der Rupertiwinkel. Hier und im benachbarten Chiemgau hat sich im 18. Jahrhundert ein reiches musikalisches Leben entwickelt, nicht ohne Beteiligung der Zisterzienser von Raitenhaslach. Die Naturwissenschaften waren eher eine Sache der Benediktiner und Augustinerchorherren (zum Beispiel Prüfening, Polling), die damit das Zeitalter der Aufklärung in Bayern vorbereiteten (Parnassus Boicus).

Raitenhaslach war ein Ort von Musik und Theater.[6] So kam zum Namensfest 1751 von Abt Robert Pentner ein »Census filialis Amoris« zur Aufführung, mit Duetten, Arien und Schlusschor. Als Fürsterzbischof Sigismund III. Graf Christoph von Schrattenbach (1698–1771) anlässlich der Einweihung der Kirche von Marienberg am 1. Mai 1765 nach Raitenhaslach kam, wurde die Musikkomödie »Glaubens-Bekanntnus des H. Sigismundi Königl. Printzens von Burgund« aufgeführt. Sie soll den Kirchenfürsten sehr ergötzt haben. Schrattenbach, der mit milder Hand regierte,* war übrigens ein verständnisvoller Förderer des jungen Mozart, weit mehr als der Nachfolger Colloredo, den Mozart zu Unrecht hasste.

---

* »D'Kinder, d'Narren und d'Hund, liebt unser Sigismund.«[18]

PHILOMELA CISTERCIENSIS EX VALLE BERNARDINA

RAITTENHASLACENSI

In
Orbem evolans, tàm in Urbe, quàm
Rure DEI Laudem ter tremulà Voce
decantatura,
ID EST,

OPUS TRIPARTITUM

CONSTANS
Sex Miſſis, totidémque Offertoriis,
ac Concertis, adjuncto TE DEUM, &c.
AUTHORE
P. ALBERICO HIRSCHBERGER, Sac. & Exempti
Ord. Ciſtercienſis p. t. Culinario in Celeberrimo
Monaſterio Raittenhaslacenſi Profeſſo.

ORGANO sive BASS. CONTIN.

[.]

BURGHUSII,
Typis, Joannis Jacobi Luzenberger, Cæſarei Regiminis Typographi.
M. DCC. XLIII.

Albericus Hirschberger:
»Die Zisterzienser-
Nachtigall, die aus dem
Bernhardinischen Tal
von Raitenhaslach in
den Erdkreis fliegt und
wie in der Stadt so auf
dem Lande dreimal das
Lob Gottes mit bebender
Stimme singen will –
ein dreiteiliges Werk …«.

Albericus (Joseph Joachim) Hirschberger (1709–1745)

Der aus Ried im Innkreis (damals Kurfürstentum Bayern) stam-
mende Joseph Joachim Hirschberger[6, 19], Sohn des Stadtpfarrorga-
nisten, knüpfte als Zisterziensermönch Albericus (Profess 1728,
Priesterweihe 1734) an die seit 1617 belegte kirchenmusikalische

Tradition des Klosters Raitenhaslach an. Hirschbergers Kompositionsstil stand stark unter dem Einfluss von Antonio Vivaldi. Von ihm sind im »Opus Tripartitum« (1743) sechs Messen mit Offertorien überliefert, die er durch kleine Concerti zu »Epistelsinfonien« ergänzte, eine Praxis, die Mozart später in seinen »Kirchensonaten« (für Orgel und kleine Streicherbesetzung) übernahm. Diese Ergänzungen des Mess-Ordinariums bzw. -propriums standen anstelle des üblicherweise gesungenen Responsoriums auf die Lesungen. Das Sammelwerk »Philomela Cisterciensis Valle Bernardina Raittenhaslacensi …« entstand sehr wahrscheinlich zum 600. Klosterjubiläum, verlegt bei Johann Jakob Luzenberger in Burghausen. Auch Hirschbergers nicht überlieferte Tafelmusiken waren in der Region wohlbekannt. Einige seiner Kompositionen sind bis heute nur als Autografen vorhanden, das meiste davon dürfte jedoch verschollen sein. Zur Eröffnung des TUM Science & Study Center Raitenhaslach hat die TUM die spartierte, das heißt aufführungstaugliche Erstedition einer Hirschberger-Komposition veranlasst: »Missa VI. Sanctorum Apostolorum Petri et Pauli« (C-Dur) für vierstimmigen Chor, Orchester und Orgel. Hirschberger war im Übrigen ein vorzüglicher Cellist: »*auch mit der linken Hand*«, wie die Klosterchronik feststellt.[6]

Hirschberger lebte zeitweise im nahegelegenen »Herrenhaus« zu Schupfing. Zunächst klösterlicher Küchenmeister (*culinarius*), dann Kastner (*granarius*), starb er dort 1745. Sein Grabstein befindet sich in der Pfarrhofkapelle St. Salvator (früher Corpus Christi). Das Pfarrhof-Ensemble in Schupfing war ein gehöftartiger Weiler der inkorporierten Pfarrei Halsbach. An dem Pfarrhof, der auf das Jahr 1417 zurückgeht, ist eine um 1760 von Abt Emanuel II. Mayr barockisierte Kirche angesetzt. Sein Portrait befindet sich kurioserweise als Steinbüste auf einer der Turmeckfialen und zeigt mit dem Finger Richtung Raitenhaslach. Der gemauerte gotische Turmhelm mit Krabbenbesatz und Eckfialen hat höchsten Seltenheitswert. Der

Schupfinger Pfarrhof hatte bis zur Säkularisation einen Bier- und Weinausschank, zum Leidwesen der regionalen Gastwirte. Der Pfarrhof ist heute, gut erhalten aber purifiziert, in Privatbesitz.

Das Pfarrgehöft Schupfing von Halsbach (Gemälde aus dem 18. Jahrhundert).

Turmeckfiale mit der Steinbüste von Abt Emanuel II. Mayr, der mit dem Finger nach Raitenhaslach zeigt.

Wolfgang Amadeus Mozart (1756–1791)

Wolfgang Amadeus Mozart war ein Kind der Region. In Salzburg geboren, lebte er dort – sofern er nicht auf Reisen war – bis zu seinem spektakulären Abgang beim Salzburger Fürsterzbischof und dem Umzug nach Wien im Jahre 1781.

Signatur Wolfgang Amadé Mozarts.

Seine Reisen in westliche Richtung führten den schon zu Lebzeiten legendären Musiker in der (Post-)Kutsche über Laufen, Waging und Wasserburg. Eine frühe Station war auch Kloster Seeon[17, 18], wo die Familie Mozart zu den Benediktinern beste Beziehungen pflegte. Dort hat Mozart zwei Offertorien komponiert: das erste, »Scande coeli limina« (KV 34) als Dreizehnjähriger, an einer Fensterbrüstung neben dem Refektorium lehnend, falls diese schöne Überlieferung wirklich stimmt; das zweite, »Inter natos mulierum« (KV 74f) zwei Jahre später als Motette auf Johannes den Täufer. Sicher ist, dass er in der Klosterkirche St. Lambert immer wieder die Orgel gespielt hat, bezeugt durch den damaligen Singknaben Max Keller (1770–1855): »*Von seinem schönen, wundervollen Orgelspiele verstand ich damals noch nichts, war ja erst 10 Jahre alt.*«[17] Dieses Instrument ist nach dem Umbau durch Franz Borgias Maerz (1890) teilweise erhalten geblieben (II+P/21). 1994 erhielt die Kirche eine neue »Mozart-Orgel« (II+P/30). Auch der fleißige Komponist Anton Cajetan Adlgasser, Mozarts Vorgänger als Salzburger Hoforganist, kannte das Kloster Seeon aus eigener Anschauung.

Max Keller (1770–1855)

Fast vergessen ist heute der Komponist und Organist Max Keller[20], obwohl er ein stattliches kirchenmusikalisches Werk hinterlassen hat und – nach einem kurzen Intermezzo in Burghausen (1799–1801) – ein halbes Jahrhundert lang (1800–1851) kurfürstlicher Kapellorganist in Altötting war. Keller wuchs in Trostberg a. d. Alz auf, erhielt seine schulische und musikalische Ausbildung als Sängerknabe in Seeon, wo er nach eigenem Zeugnis Mozart an der Orgel erlebte und 1788 selbst Organist wurde. Kellers besonderes Verdienst bestand darin, dass er Kompositionen für die eingeschränkten Möglichkeiten musikalischer Laien schuf, zumeist Messen (»für Landchöre«) und Litaneien für eine bis drei Stimmen – die Tenöre waren auch schon damals knapp. Zur Begleitung seiner Messen sah er außer der Orgel meist nur wenige weitere Instrumente vor. Aus-

Max Kellers
70. Geburtstag in
Altötting (1840). Die
Silberplatten-Fotografie
zeigt sehr wahrscheinlich
Constanze Mozart,
rechts neben dem
Komponisten sitzend.

nahmen bilden größer besetzte Werke wie die »Solemne Messe in C-Dur« sowie das fürs Kloster Seeon komponierte »Stella Coeli«.

Max Keller zog sich erst mit 81 Jahren aus dem Organistendienst zurück. Von seinem 70. Geburtstag ist eine Daguerreotypie erhalten geblieben, die sehr wahrscheinlich Constanze Mozart (1762–1842) zeigt, die damals zum zweiten Mal verwitwet war und wieder in Salzburg lebte. Max Keller war ein glühender Mozart-Verehrer, deshalb ist diese Verbindung plausibel. Heute ist die Berufsfachschule für Musik in Altötting nach Max Keller benannt.

Durch Max Keller hielt im Übrigen auch Michael Haydn (1757–1806), Mozarts Nachfolger als Hoforganist in Salzburg, Verbindung zur Region – Keller hatte zeitweise bei ihm Unterricht gehabt. Haydn ließ sich das Seeoner »Unterzeugbier« liefern, damals eine Spezialität in Nieder- und Oberösterreich (die Hefe setzt sich beim Gärungsvorgang am Boden ab). Für eine musikalische Nonne der Benediktinerinnenabtei Frauenchiemsee komponierte Haydn 1793 die »Chiemseemesse« (»Missa in Honorem Sanctae Ursulae«, MH 546).

Blasius (Anton) Diabelli (1781–1858)

In Mattsee geboren, erhielt Anton Diabelli[6] seinen ersten Unterricht in Gesang, Klavier- und Orgelspiel bei seinem Vater. Mit sieben Jahren kam er als Sängerknabe in das Kloster Michaelbeuern und wechselte bald darauf, auf Betreiben seines Förderers und späteren Lehrers Michael Haydn, in das Benediktinergymnasium Salzburg. Da er auf Wunsch der Eltern Priester werden sollte, kam er 1796 an das Jesuitengymnasium zu München (heute Wilhelmsgymnasium), eine Lateinschule. Im Jahre 1800 trat er zur Vervollständigung seiner theologischen Studien als Frater Blasius in das Zisterzienserkloster Raitenhaslach ein. Dort entstand der Predigtgesang »Komm Heilger Geist« für vier Singstimmen, Streicher, Klarinetten, Trom-

Blasius (Anton) Diabelli
aus Mattsee lebte als
Frater 1800–1802 im
Kloster Raitenhaslach,
wo er mit einigen
Sakralkompositionen
hervortrat.

peten und Pauken, signiert mit »fr. Blasio Diabelli«. Infolge der
Säkularisation verließ er ohne Priesterweihe nach drei Jahren das
Kloster, gab das Ziel des Priesteramts auf und ging nach Wien, wo
ihn Joseph Haydn unterrichtete. Er gewann als Klavier- und Gitar-
renlehrer große Anerkennung und stand mit namhaften Komponisten in enger Verbindung (unter anderem Beethoven, Schubert,
Czerny, Hummel). Später wurde Diabelli Musikverleger und ver-
öffentlichte viele Werke bedeutender Komponisten.

BAROCKPREDIGER

In Altbayern waren in der Barockzeit sprachgewaltige Prediger zu Hause.[21] Ihre Zeit reicht von etwa 1670 bis 1720. Erwähnenswert sind Clemens von Burghausen (1693–1731) – »*Lasset krachen ihr Himmel! Lasset krachen die mit Donner gefüllten Wolken!*« – und Christoph Selhamer (1636–1708), ebenfalls aus Burghausen, sowie Tobias Lohner (1619–1697) aus Neuötting. Unvergleichlich wirksamer aber war Andreas Strobl (1641–1706), Spross einer alteingesessenen Tittmoninger Familie.[21, 22] Ausgebildet in Salzburg, war er als geistlicher Herr zuerst in Laufen und Waging tätig, dann ein Jahrzehnt als Ökonomiepfarrer und Einödbauer in Buchbach bei Schwindegg (damals zum Fürsterzbistum Salzburg an dessen nordwestlicher Ausbuchtung gehörig). Dort entstanden Hunderte von Predigten, die er glücklicherweise aufgeschrieben hat. Im »Ovum Paschale Novum, oder neugefärbte Oster-Ayr« kreist jede Predigt um eine lustige Geschichte oder Fabel, das »Oster-Märl«, wodurch Strobl seinem Landvolk das Ostergeheimnis nahebringen wollte. Man muss ihn mit Abraham a Santa Clara (1644–1709) in einem Atemzug nennen, auch wenn ihn dieser an Sprachgewalt übertrifft. Strobl, der sich selbst eine »schwarze Bauern-Ambsel« nannte, war aber der volkstümlichere, kurzweiligere Erzähler von trostreichen Sprüchen und denkwürdigen Historien. Auf seinem Programm stand das ganze Spektrum von düsteren Höllen- bis zu lichten Heilspredigten.

Selten wählte Strobl die Versform, doch auch hier hat er Tröstliches für seine Bauern zustande gebracht: »*Der Tod herbringt das*

Leben mir / Wann ich nun dahin stürbe, / Ich ein neues Lebn erwürbe, / Doch muss durch finstere Grabestür / Vorgehen ein, ob dass der Tag / Mit seinem Schein im finstern Grab / Mir tut das Lichte geben, / Vom Grab hab ich das Leben.«

Von der gotischen Buchbacher Kirche mit ihrer spätbarocken Ausstattung ist leider nichts übrig geblieben, weil sie 1762 ebenso wie der gesamte Markt Buchbach vollständig abbrannte. Dafür gibt es seit 1765 eine sehenswerte Rokoko-Kirche nach Plänen des berühmten Salzburger Hofbaumeisters Wolfgang Hagenauer. Wer über Dorfen und Schwindegg nach Burghausen reist, sollte sich diesen lohnenden Abstecher gönnen.

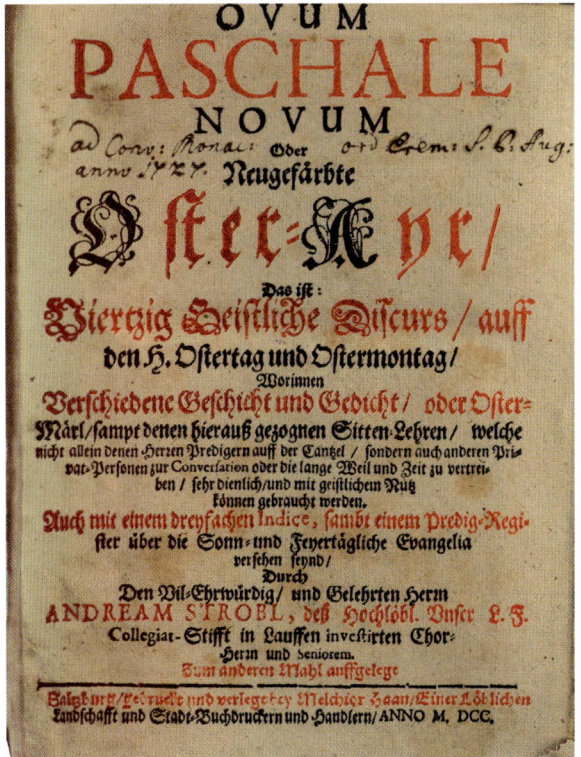

Andreas Strobl:
Ovum Paschale Novum
Oder Neugefärbte Oster-
Ayr..., erschienen in der
»wiederholten Auflage«
im Jahre 1700 bei
Melchior Haan, Salzburg.

BURGHAUSEN:
HEIMAT UND WELT

»Die Stadt sieht nicht anders aus, als
wäre sie aus einem altdeutschen
Gemälde herausgeschnitten und
hierher gestellt worden.«
*Adalbert Stifter (1805–1868): Brief
an seine Frau, 6. Dezember 1860*

»*Burghausen lebt als erfolgreicher Industriestandort letztlich vom wis-
senschaftlich-technischen Fortschritt.*« So bringt der Erste Bürgermeister Hans Steindl, unangefochten im Amt seit 1990, die Zukunft

seiner Stadt auf den Punkt.[23] Die Kreativität der internationalen Wissenschaft in die Stadt und Region zu bringen, das erwartet die Bevölkerung vom TUM Science & Study Center Raitenhaslach.

Burghausen! Wer Burghausen nicht kennt, hat einiges nachzuholen. Die Stadt an der Salzach atmet bayerische, ja europäische Geschichte und ist zugleich ein vitales Wirtschaftszentrum, geprägt von einer starken chemischen Industrie. In diesem Spannungsfeld zwischen Tradition und Fortschritt hat es Burghausen mit seinen heute rund 18 000 Einwohnern geschafft, in der südostbayerischen Randlage seine Zukunftsfähigkeit zu sichern und befruchtend auf die ganze Region zu wirken. Die Bürgerschaft war immer aufgeschlossen für die Herausforderungen der Zeit, hat den technischen Fortschritt angenommen und ihr Gemeinwesen lebenswert erhalten. So hat Burg-

Hans Steindl (*1949),
Erster Bürgermeister der
Stadt Burghausen,
Ehrensenator der
Technischen Universität
München.

hausen eine starke Anziehungskraft für Menschen aus der ganzen Region entfaltet, vor allem Burghausen prägt das Bild vom Bayerischen Chemiedreieck.

Die heutige Randlage resultiert aus der Geschichte des 18. Jahrhunderts und ist, wie so oft, das Resultat machtpolitischer Konstellationen (Bayerischer Erbfolgekrieg): Der bayerische Kurfürst Karl Theodor (1724–1799), aus der pfälzischen Linie der Wittelsbacher, wollte ganz Altbayern gegen Ländereien in den Niederlanden an die Habsburger eintauschen. Dieses Vorhaben war freilich nicht im Sinne Frankreichs, Preußens und Russlands. So kam es am Ende des »Kartoffelkriegs« (»Zwetschgenrummel«), der eigentlich nie richtig geführt wurde, zum Frieden von Teschen (1779) mit Grenzziehung entlang der Salzach: Das sogenannte Innviertel um das Zentrum Ried im Innkreis (also Innbaiern östlich des Flusses) kam zu Österreich, und mit ihm wurden rund 6000 Bayern Bürger der Habsburger Monarchie. Mit dem kleinteiligen Kompromiss von Teschen blieb Altbayern zwar erhalten, gottlob, Burghausen verlor jedoch sein wirtschaftliches Hinterland (rund 2200 km^2). Mitte des 19. Jahrhunderts wurde auch die nicht mehr rentable Flussschifffahrt endgültig eingestellt. Der einstigen Herzogstadt, von deren Bedeutung heute noch die eindrucksvolle weltlängste Burganlage zeugt (1051 Meter!), war der politische, wirtschaftliche und kulturelle Glanz genommen.

Umso rasanter dann der wirtschaftliche Aufschwung im 20. Jahrhundert. Er setzte mit einer entscheidenden Industrieansiedlung im Jahre 1915 ein, deutlich früher als in anderen Regionen Bayerns. Die Dr. Alexander Wacker-Gesellschaft für elektrochemische Industrie KG errichtete eine Produktionsstätte am nördlichen Ende der Stadt. Vorhanden war bereits die Eisenbahnlinie von Mühldorf über Tüßling und Altötting nach Burghausen (1897). Alsbald folgte der Alzkanal (1908–1922), der zur Stromerzeugung für die energieaufwendigen Produktionslinien nutzbar gemacht wurde. Seither hat sich die heutige Wacker Chemie AG in Burghausen zum größten Chemiekonzern Bayerns entwickelt, mit rund 10 000 Beschäftigten. In der Nachbarschaft entstand im Zuge der Transalpinen Ölleitung (TAL), die im Hafen von Triest ihren Anfang nimmt, ein petrochemisches Zentrum (Marathon Oil Company, 1965–1967; seit 1987 OMV). Damals stellte sich Wacker auf petrochemische Rohstoffe um. Eine Ethylen-Pipeline transportiert seit 1972 das Raffinerieprodukt Ethylen aus Münchsmünster (Raffineriezentrum Ingolstadt/Neustadt) nach Gendorf/Burgkirchen; diese Leitung ist seit 2013 über die Ethylen-Pipeline Süd (EPS) mit dem Chemiestandort Ludwigshafen der BASF verbunden. Lyondellbasell in Münchsmünster und die OMV-Raffinerie in Burghausen produzieren jähr-

Hoch über Burghausens Altstadt erstreckt sich die längste
Burganlage der Welt (1051 Meter) auf dem schmalen Bergsporn
zwischen Salzach (rechts) und Wöhrsee (links).

lich zusammen rund 650 000 Tausend Tonnen Ethylen, das vielen Wertschöpfungsschritten in der Chemiewirtschaft zugänglich ist. Hauptabnehmer sind Ethylenoxid-Fabriken (vor allem Clariant in Gendorf), Dichlorethan- sowie Polyethylenhersteller. Diese Verbundstruktur ist ein entscheidender Standortfaktor für die ostbayerische Chemie. Wegen der enormen Produktionsvolumina ist eine leistungsfähige Verkehrsinfrastruktur essenziell für den Industriestandort Burghausen/Gendorf. So wurde soeben der neue Güterterminal Burghausen eröffnet (2015). Die fehlenden Autobahnabschnitte der Trasse A94 (München–Passau) werden im Jahre 2019 fertiggestellt sein. Dann ist auch für die TUM ihr Akademiezentrum Raitenhaslach rascher erreichbar.

Neben Wacker und OMV sind Borealis, Linde (Edelgase), Siltronic (Waferproduktion) und Vinolit in Burghausen ansässig. Die Stadt bezieht durch die Industriebetriebe erhebliche Gewerbesteuereinnahmen – gut 50 Prozent der Steuerumlagen im Landkreis Altötting stammen aus Burghausen, worauf der Bürgermeister in den Kreistagssitzungen regelmäßig hinweist –, investiert im Gegenzug mit Weitblick in die städtische und regionale Infrastruktur, unter anderem in das TUM Science & Study Center Raitenhaslach und öffentliche Einrichtungen. Zur Freizeitgestaltung trägt das mondäne Georg-Miesgang-Hallenbad bei, das neuerdings über einen Thermalbad- und Saunabereich verfügt. Im Sommer empfiehlt sich jedoch ein Bad im beschaulichen Wöhrsee, der einstigen Salzachschleife unterhalb der Burg.

Burghausen ist aber auch eine Sportstadt: Wer kennt ihn nicht, den SV Wacker Burghausen (gegr. 1930)? Im Fußball hat er es in die 2. Bundesliga geschafft (2002–2006), und er kann auch im Tennis, Ringen, Schwimmen und Handball achtbare Erfolge vorweisen. Mit rund 6000 Mitgliedern und 24 Abteilungen ist der SV Wacker Burghausen einer der größten Sportvereine Deutschlands.

Internationale Jazzwoche
Burghausen: Ella
Fitzgerald ließ sich wie
viele Jazzstars in der
»Street of Fame« (In den
Grüben) verewigen.

»Im Studium habe ich das Denken
gelernt und in der Musik das Fühlen.«
*Joe Viera (*1932), in: nmz neue
musikzeitung, 3.9.2012*

Und Burghausen ist eine Kulturstadt, die mit namhaften Veranstaltungen von sich reden macht. Ein überregionales Highlight ist seit Jahrzehnten die alljährliche Internationale Jazzwoche Burghausen im März. Hochkarätig besetzte Konzerte ziehen regelmäßig Hunderte von Jazzfans an. Jeder Musiker hinterlässt seinen Namen in der »Street of Fame« entlang der Burghausener Altstadt, ein schöner Brauch. Die Jazzwoche geht auf Joe Viera zurück, der an der

TH München ein Physikstudium absolviert hatte, sich anschließend aber ganz der Musik widmete und zur »bayerischen Jazz-Legende« wurde. Gemeinsam mit Helmut Viertl, einem gelernten Gerichtsvollzieher mit Erstanstellung in Burghausen, organisierte Viera ab 1970 die Jazzwoche.

Weiterhin sind das »Kultur im Zelt«-Festival (zweijähriger Turnus) oder der Internationale Konzertzyklus an der Rieger-Orgel der Pfarrkirche St. Jakob (III+P/50), das Burgfest und die internationalen Fotografieausstellungen zu nennen. Wiederholt fanden in Burghausen Ausstellungen von überregionaler Bedeutung statt: so etwa die Landesausstellung »Verbündet Verfeindet Verschwägert – Bayern und Österreich « (2012) und die Landesgartenschau (2004). Es spricht für das kulturfreundliche Klima der Stadt, dass im Bürgermeisteramt zahlreiche Gemälde hängen, eine Kunstpräsentation besonderer Art! Nicht zu vergessen auch die künstlerisch beachtlichen Skulpturen auf dem Stadtplatz.

Kein Wunder also, dass Burghausen eine Stadt der Bildung ist. Die beiden exzellenten Gymnasien – Aventinus-Gymnasium (naturwissenschaftlich-technologisch) und Kurfürst-Maximilian-Gymnasium (humanistisch) – gehören seit 1996 zum ausgedehnten Schulnetzwerk der TU München. Mit den Gymnasien in Altötting und Mühldorf bilden sie einen »TUM-Schulcluster«. Mit diesen Schulen findet im Jahresturnus das Ernst Otto Fischer-Seminar der TUM als Fortbildungskurs für Chemielehrer statt. Viele Schüler unseres Nobelpreisträgers (1918–2007) waren Chemiker im Bayerischen Chemiedreieck, vor allem bei Wacker, Hoechst und SKW.

Am »Kumax« drückte einst auch Ludwig Thoma (1867–1921) die Schulbank (1877/1879). Während sich seine Mutter, die Försterswitwe, als Wirtin zu Prien um den Broterwerb kümmern musste, trieb der Lausbub in Burghausen allerhand Schabernack (vergleiche »Lausbubengeschichten«, 1905). Seine Zeugnisse sollen nach eigenem Bekunden so schlecht gewesen sein, »*dass man sie nicht den nächsten Verwandten zeigen konnte*«. Nachforschungen ergaben, dass sie so schlecht gar nicht waren. Aus dem Burghausener Zögling wurde ein passabler Rechtsanwalt im Dachauer Land, vor allem aber einer der wahrlich großen bayerischen Schriftsteller (zum Beispiel »Agricola«, »Andreas Vöst«, »Der Wittiber«, »Altaich«, »Der Ruepp«) und satirischen Zeitkritiker. Was aus einem »Lateinschüler« vom Salzachufer alles werden kann, auch wenn er bis zur Matura vier verschiedene Schulen brauchte!

Neben den Gymnasien gibt es die Maria-Ward-Realschule, die sehr aktive Volkshochschule Burghausen-Burgkirchen und das Berufsbildungswerk Burghausen. Fachhochschulzweige sind aktuell in Vorbereitung. Viele Absolventen der örtlichen Gymnasien haben an der TU München studiert und sind als Ingenieure, Naturwissenschaftler, Lehrer und Ärzte in ihre Heimatregion zurückgekehrt. Im Stadtparlament von Burghausen, in den Wirtschaftsunternehmen und im öffentlichen Leben hat ihre Stimme Gewicht.

Nicht zuletzt leuchtet hier die Wissenschaft: Ein Bekenntnis der Stadt Burghausen zu ihrer Chemie ist der internationale Burghausen Chemistry Award für herausragende, richtungsweisende Forschungsergebnisse. Erster Preisträger war Daniel G. Nocera (Massachusetts Institute of Technology, 2007) für seine Pionierleistungen auf dem Gebiet der biokatalytischen Wasserspaltung. Ihm folgten Jillian Buriak und Jonathan Veinot (University of Alberta, Edmonton/Kanada, 2016) für ihre Durchbrüche in der modernen Siliciumchemie. Gefördert von der Wacker Chemie AG, haben wir an der TUM eine Professur für Siliciumchemie eingerichtet (2015).

Neben der mittelalterlichen Burganlage ist die Altstadt ein Hort bedeutender Baudenkmäler. Zu Dutzenden könnte man sie aufzählen. Burghausens Stadtbild ist noch heute geprägt von der Glanzzeit der Wittelsbacher Herzöge, vor allem aus der Zeit zwischen 1393 und 1503: Heinrich, Ludwig, Georg – »die Reichen«. Die historische Magistrale »In den Grüben«, eng und heimelig, wirkt wie aus einem

Lehrbuch des Inn-Salzach-Stils, wie man ihn auch in der Nachbarschaft sehen kann (zum Beispiel Tittmoning, Tüßling, Mühldorf, Neuötting). Auch die zahlreichen Museen, deren Besuch man am besten bei der Burg beginnt, sind lohnenswert. Wer Muße hat, sollte sich Zeit für einen ausgiebigen Rundgang nehmen und zwischendurch die vorzügliche Gastronomie genießen.

Die Altstadt von Burghausen lädt zum Flanieren und Verweilen ein.

DIE BURG ZU BURGHAUSEN

Die Burganlage auf dem langgestreckten Bergsporn zwischen Salzach und Wöhrsee zählt zu den großartigsten Leistungen des Burg- und Wehrbaus. Keine zweite macht es ihr auf dem europäischen Festland nach! Schon bald nach Gründung des Herzogtums Bayern (1180) wurde Burghausen zur Stadt erhoben, wahrscheinlich von Ludwig dem Kelheimer (1173–1231). Die erste Landesteilung (1255) brachte den Aufschwung, und unter Herzog Heinrich XIII. von Niederbayern-Landshut (reg. 1255–1290) entstanden die größten Teile

Blick vom Burgberg über die Altstadt; im Vordergrund der Turm der Stadtpfarrkirche St. Jakob.

der Hauptburg. Den Ausbau zu einem Festungsbollwerk veranlasste Herzog Georg der Reiche (reg. 1479–1503), jener von der Landshuter Fürstenhochzeit (1475), unter dem Eindruck der Türkengefahr. Damals entwickelte sich die Burgbauhütte zu einer angesehenen Ausbildungsstätte für den Profan- und Festungsbau.

Will man diese faszinierende Anlage kennen- und verstehen lernen, muss man sich einer kompetenten Führung anschließen. Zur Vor- und Nachbereitung eignet sich die Broschüre der Bayerischen Schlösser- und Seenverwaltung.[24]

Wer die Burg mitsamt der historischen Altstadtkulisse in voller Pracht sehen möchte, überquert am Stadtplatz die Salzach und fährt auf die Anhöhe zum (österreichischen) Ach hinauf. Niemand wird sich der Faszination dieses Anblicks entziehen können! Von hier aus sieht man salzachaufwärts auch Marienberg, die ehemalige Wallfahrtskirche, »Perle des Salzachtals«, die mit ihrer landschaftsbeherrschenden Doppelturmfront über dem Flusstal aufragt (siehe Seite 109ff.). Bei klarem Wetter lässt sich auch der Kirchturm von Asten blicken (siehe Seite 119f.).

BURGHAUSEN, BAYERN, ÖSTERREICH

In der Geschichte Burghausens, das mit Gründung des Territorial-herzogtums Bayern (1180, Residenzstadt zunächst Kelheim) für über 700 Jahre in den Herrschaftsbereich der Wittelsbacher über-ging, spiegeln sich die bayerischen Landesteilungen wider[8]: In der ersten Teilung 1255 erhielt Herzog Heinrich XIII. das selbstständige Herzogtum Niederbayern; Burghausen wurde neben Landshut Re-sidenzstadt. Im Jahre 1392 erfolgte eine Dreiteilung in die oberbaye-rischen Teilherzogtümer Bayern-München und Bayern-Ingolstadt sowie das niederbayerische Bayern-Landshut mit Burghausen und weiteren Orten, von Moosburg über Erding und Mühldorf bis Braunau und Mondsee. Daneben gab es seit 1349 das Teilherzog-tum Bayern-Straubing. Erst qua Primogeniturgesetz 1506 als Folge des Landshuter Erbfolgekriegs 1503/05 entstand das vereinigte Her-zogtum Bayern-München unter Albrecht IV. (dem Weisen). Fortan sollten Landesteilungen nicht mehr möglich sein. Burghausen er-hielt eines der vier Rentämter und damit einen Hauptstadtstatus im neugeordneten Bayern, neben München, Landshut und Straubing. Die Rentämter waren neben der Finanzverwaltung für administra-tive, juristische und militärische Aufgaben zuständig, als eine Art Mittelbehörde. 1623 erhielt das Herzogtum Bayern die (pfälzische) Kurwürde, mit der Oberpfalz kam Amberg als fünftes Rentamt hinzu. 1777 entstand das Doppel-Kurfürstentum Pfalz-Baiern, 1806 wurde daraus das Königreich Bayern (bis 1918).

Immer wieder unternahm das Habsburger Reich Versuche, sich Kurbayern in die Erblande einzuverleiben, vor allem im Spanischen

Erbfolgekrieg (1701–1714), in dessen Verlauf Bayern besetzt und der Volksaufstand in der »Sendlinger Mordweihnacht« von 1705 grässlich niedergeschlagen wurde. Dennoch blieb das Territorium Bayern erhalten, so auch (weitgehend) im Bayerischen Erbfolgekrieg von 1778/79: Nur das Innviertel vor den Toren Burghausens wurde zum Zankapfel. Jahrhundertelang in Bayern, kam es 1779 im Frieden von Teschen zu Österreich, dann 1809 kurzfristig unter französische Herrschaft, war ab 1810 wieder bayerisch, um dann 1816 endgültig dem »Land ob der Enns« im Kaiserreich Habsburg angegliedert zu werden, ein Bauernopfer im wahren Wortsinn. Damit war auch jener Markt Ried (Riad) i. Innkreis weg, aus dem die berühmten Schwanthaler stammten, deren Spross Ludwig die monumentale Bavaria auf der Münchner Theresienwiese entwarf.

Das Erzherzogtum Österreich (Herzogtum vor 1453), ein Reichslehen des Heiligen Römischen Reiches, bestand als lehensrechtliche Einheit bis 1806 im österreichischen Reichskreis. Es gehörte seit 1282 durchgängig zum Hause Habsburg. Das Territorium grenzte östlich an das bis zur Säkularisation (1803) selbstständige Fürsterzbistum Salzburg an. Am Reichstag hatte der Erzherzog von Österreich die Stimmführung im Reichsfürstenrat – kurioserweise auf der geistlichen Bank, weil Bayern die Führung der weltlichen Bank beanspruchte. Das Direktorium des Reichsfürstenkollegiums lag abwechselnd beim Erzherzogtum Österreich und beim Fürsterzbistum Salzburg (*directorium agens* bzw. *directorium quiescens*). Die Habsburgermonarchie (Donaumonarchie, Habsburgerreich) wurde 1804 zum Kaiserreich Österreich, als der deutsch-römische Kaiser Franz II. (Haus Habsburg-Lothringen) mit Blick auf den bevorstehenden Zerfall des Heiligen Römischen Reichs eigenmächtig die österreichische Kaiserwürde schuf (dann als Kaiser Franz I.). Die österreichisch-ungarische (Doppel-)Monarchie entstand 1867 als Realunion und erlosch mit Ende des Ersten Weltkriegs.

INN, SALZACH UND ALZ

Die Donau muss kräftig schlucken, wenn in Passau der Inn daher-kommt, der ihr mehr Wasser bringt als sie selber hat. Dazu tragen die Alz und vor allem die Salzach weitaus am meisten bei (MQ 68,5 bzw. 252 m³/sec.). Ohne sie wäre der Inn nicht der Inn! Geografisch schließt er den Chiemgau nach Westen, das Innviertel nach Norden hin ab.

Salzach. Als wasserreichster und längster Nebenfluss des Inn (225 km) hat die Salzach (früher Saltza) über Jahrhunderte die Wirtschaftsbeziehungen zwischen Österreich und Bayern geprägt, vor allem durch die Salzschifffahrt. Diese ging im Mittelalter bis Neuötting, wo die Salzfrachten auf dem Landtransport über Mühldorf in Richtung Regensburg und München umgeschlagen wurden. Die Salzach entspringt in den Kitzbühler Alpen, bringt ab Salzburg die Saalach mit und gräbt sich zwischen Tittmoning und Burghausen streckenweise über 50 Meter in die Moränenebenen hinein. Bei Haiming/Burghausen mündet sie in den Inn. Heute ist die Salzach der Grenzfluss zwischen Österreich und Bayern. Flussübergänge gibt es nach Salzburg stromabwärts in Laufen, Tittmoning und Burghausen.

In Unterhadermark, nahe Raitenhaslach, treten Nagelfluhaufschlüsse an den steilen Prallhängen der Salzach hervor. Der Nagelfluh ist ein Trümmergestein aus Kalksteinkiesel, Sandstein, Granit, Gneis und Porphyr. Lange Zeit war er ein wichtiges Baumaterial in der Voralpenregion. Verbacken durch Ausfällungen von Kalk, ist er hart wie ein niederbayerischer Sturschädel. Die würdevolle Ruhe des tief in die Landschaft eingeschnittenen Flusstals genießt man auf einer manchmal etwas mühsamen, aber eindrucksvollen Wanderung über Unterhadermark nach Tittmoning. An Nachmittagen, wenn die österreichische Hangseite sonnenbeleuchtet ist, lässt sich der Aufbau der Gesteinsschichten besonders gut erkennen.

Typische Transportgefährte auf der Salzach waren die sogenannten Plätten – kiellose, kastenförmige Arbeitsschiffe aus Holz. Heutzutage dienen sie als gemütliche Ausflugsfähren, die regelmäßig am Fuße Raitenhaslachs anlegen.

Alz.   Ohne die Alz wäre das heutige Bayerische Chemiedreieck nicht zu denken gewesen. Als Abfluss des Chiemsees bei Seebruck ist die Alz bis zur Mündung in den Inn bei Marktl der gefällereichste

Bei einer Plättenfahrt auf der Salzach gleitet man sanft durch die reizvolle Landschaft.

Fluss in Süddeutschland (Länge 63 km, Höhendifferenz 158 m). Sie fließt über Truchtlaching, Altenmarkt, Trostberg, Garching a. d. Alz über Burgkirchen ihrer Mündung zu. Weil sich das Gebirgswasser (Zufluss: Tiroler Achen) im Chiemsee beruhigen kann, bringt die Alz vergleichsweise wenig Geschiebe mit. Wichtigster Nebenfluss der Alz ist die Traun, die immer wieder Hochwassersituationen der Alz verursacht. Der Alzkanal (1908–1923) wird in drei Abschnitten zur Stromerzeugung genutzt: Er beginnt in Trostberg (zwei Laufwasserkraftwerke), macht elektrischen Strom auch in Tacherting und Hirten, passiert das Werk Burghausen der Wacker Chemie AG (Kanalwassernutzung für Kühlzwecke) und stürzt anschließend über fünf Druckrohre in das 63 Meter tiefer gelegene Salzachtal. Dort wird es in den Alzwerken nochmals zur Energieerzeugung für die Industrie genutzt. Allerdings ergänzt Wacker seinen Energiebedarf, der einer Stadt wie Regensburg entspricht, durch ein eigenes Gas- und Dampfturbinenwerk (2001).

Der Alzkanal begründete den Aufschwung der Industrie im Chemiedreieck, das – vereinfacht gesagt – von den Eckpunkten Trostberg, Töging und Burghausen aufgespannt wird. Wenn auch die energiefressende Aluminiumverhüttung in Töging mit zeitweise fünf Elektrolyseöfen eingestellt ist (1996), so beschäftigt das Chemiedreieck heute rund 25 000 Menschen, der Gesamtumsatz liegt bei etwa 9 Milliarden Euro. An den Sanierungsmaßnahmen des Alzkanals sind regelmäßig die Wasserbauingenieure der Technischen Universität München beteiligt.

DER INN-SALZACH-STIL

Die Inn-Salzach-Städte waren zwischen 1200 und 1400 entlang der beiden schiffbaren Flüsse entstanden und hatten durch Handelsmonopole ihre besondere wirtschaftliche Bedeutung erlangt. Ihre Architektur, vor allem entlang der Salzach, ist geprägt durch die Bebauung mit aufgezogenen Giebelwandabschlüssen (sogenannten Blend- oder Scheinfassaden). In der durchaus abwechslungsreichen

Der Stadtsaal Burghausen in der Frontreihe des die ganze Region prägenden Inn-Salzach-Stils mit ihren typischen, weitgehend schnörkellosen Blendfassaden.

Abfolge ergeben sie ein einheitliches, harmonisches Stadtbild[25] und wirken oft wie aus einem Bilderbuch des Grafen von Pocci. Diese barocken bis klassizistischen Fassaden sind im 17. bis 19. Jahrhundert entstanden, wobei die dahinter liegenden Gebäude in der Regel viel älter sind. Die Fronten zur Straße werden lediglich durch schmale, später oft durch Schwibbögen überbaute Seitengassen unterbrochen. Es war der Baumeister Stephan Krumenauer (†1461) aus Braunau am Inn, der für diese Art eines epochenübergreifenden, auf Ornamentik weitestgehend verzichtenden Städtebaus richtungsweisend wirkte.

Als Handwerkerstadt des Mittelalters war Tittmoning auch die Sommerresidenz der Salzburger Fürsterzbischöfe.

Hinter den Fassaden befinden sich unterschiedliche Dachaufbauten. Wenn die Regenrinne mittig herauskommt, dann weiß man: Hier ist das typische Grabendach versteckt. Wenn die oberste Fens-

terreihe höhenreduziert und blind ist, dann laufen die Firstlinie und die Regentraufe nicht rechtwinklig, sondern parallel zur Blendfassade.

Die Stadtgrundrisse ähneln einander, meist rechtwinklig, schmal und langgezogen. Schöne Beispiele sind Burghausen, Mühldorf, Neuötting, Tüßling und Ried im Innkreis. Lediglich das Stadtbild von Tittmoning kommt mit einem trapezförmigen Grundrisskeil daher, der am Salzburger Tor schmal beginnt und sich zum Burghausener Tor hin mächtig aufweitet.

Charakteristisch für die Inn-Salzach-Städte ist weiterhin das »Bummerlpflaster«, mit dem die zentralen Plätze angelegt sind. Die dafür nötigen »Kugelstoana« stammten aus den Flüssen oder wurden aus den Äckern geklaubt, mussten also nicht gekauft werden. Sie haben über Jahrhunderte gehalten, ärgerlich sind sie halt nur für die Damen mit hohen Schuhabsätzen.

Neuötting, einst kurbayerischer Gegenpol zum salzburgischen Mühldorf.

DER RUPERTIWINKEL
HINAUF NACH SALZBURG

Historische Karte des
Rupertiwinkels als Teil
des Erstifts Salzburg aus
dem 18. Jahrhundert.
Die nördlichsten Orte
Asten (Astn) und
Nonnreit (Nun Reitt)
liegen unmittelbar vor
Raitenhaslach.

Burghausen ist aus vielerlei Gründen zwar das »Juwel an der Salzach«. Viel zu sehen und zu erkunden gibt es jedoch auch in der Umgebung. Entlang der Salzach stromaufwärts, an Raitenhaslach vorbei, beginnt sogleich der Rupertiwinkel, ein Teil des historischen Erzstifts Salzburg westlich des Flusstals. Dieser Landstrich, einst als Kornkammer die Lebensgrundlage Salzburgs, zieht sich flussaufwärts über Laufen und Freilassing bis Piding und umfasst Orte wie Teisendorf, Waging, Palling, Tyrlaching und Asten. Die Grenze zwischen Salzburg und dem Herzog- bzw. Kurfürstentum Bayern war über Jahrhunderte stabil, nämlich von 1275 bis 1809 bzw. 1816: Man erreicht sie kurz hinter Raitenhaslach zwischen Plattenberg (Mautstation von 1765!) und Nonnreit, wo sie zur Salzach hinunterläuft, den Fluss entlang bis auf die Höhe von Fridolfing, um dort in Richtung Michaelbeuern/OÖ abzubiegen. Das benachbarte Gebiet um Mattsee war eine Exklave von Passau, das bis 1784 ein riesiges Bistum (»Donau-Bistum«) war und bis an die heutige Ostgrenze Österreichs reichte (lediglich Wien war ein eigenes, exemtes Bistum).

Die neoromanische Pfarrkirche St. Fridolfing, als »Dom des Salzachtals« die größte Dorfkirche Deutschlands.

1808 wurde die Fürstpropstei Berchtesgaden dauerhaft dem neuen bayerischen Salzachkreis zugeschlagen, ebenso kurzzeitig Salzburg, wo Kronprinz Ludwig im Schloss Mirabell als General- gouverneur residierte und die Verwaltung leitete. 1816 erfolgte im Vertrag von München die heutige Grenzziehung.

Weiter entlang der B20 erreicht man das malerische Tittmoning (bitte auf der *ersten* Silbe betonen!) mit seiner großzügigen, in reins- ter Inn-Salzach-Architektur ausgestatteten Anlage. Es überrascht nicht, dass hier die Eingangsszenen der Fernsehserie »Königlich Bayerisches Amtsgericht« (Georg Lohmeier) gedreht wurden. Titt- moning war lange salzburgisch – und auch die Sommerresidenz der Salzburger Fürsterzbischöfe –, erst 1810 kam das Städtchen vorläu- fig, 1816 beim Wiener Kongress zusammen mit dem Rupertiwinkel endgültig zu Bayern. Das markanteste Bauwerk ist die wuchtige, steinklotzige Burg aus dem 12. Jahrhundert. Wer eine Pause einlegen will, findet im Stadt-Café sehr gute Mehlspeisen.

Hinter Tittmoning taucht auf der westlichen Salzachterrasse Fridolfing auf, erkennbar an seiner neoromanischen Hallenkirche (1891–1893), der größten Dorfkirche Deutschlands. Dort steht eine Orgel des berühmten Franz Borgias Maerz (1893; II+P/25). Über Kirchanschöring (wo die Meindl-Bergwanderstiefel gemacht und verkauft werden) geht es weiter nach Laufen, das ursprünglich zum »Salzburggau« des Herzogtums Bayern gehörte. Aber schon im 13. Jahrhundert wurde es ein Territorium der Salzburger Erzbischöfe (Rupertiwinkel) und kam erst 1816 nach Bayern zurück. Ihren wirt- schaftlichen Aufstieg verdankte die Stadt der Salzschifffahrt (Bad Reichenhall, Hallein) auf der Salzach. Die wohlhabende Laufener Schiffergilde hat das Stadtbild nachhaltig geprägt. Äußerst sehens- wert ist hier der wehrhafte Bau der Stiftskirche.

Überquert man in Laufen die Salzachbrücke, eine unbeschreib- lich schöne Jugendstil-Eisenkonstruktion aus der Prinzregentenzeit (1903), dann ist man im österreichischen Oberndorf. Dort entstand

zum Heiligabend 1816 das Weihnachtslied »Stille Nacht«, im Zusammenwirken zwischen dem Lehrer Franz Xaver Gruber und dem Hilfspfarrer Joseph Mohr.

Möchte man schließlich nach Salzburg, empfiehlt sich die Fortsetzung dieser Route. Die Entfernung Burghausen–Salzburg beträgt ca. 50 km, ab Laufen fährt man gemütliche 20 Minuten. Mit einem Abstecher zur Wallfahrtskirche Maria Plain (oberhalb von Bergheim), einer wahren Offenbarung des Hochbarock (Giovanni Antonio Dario, 1671/1674), stimmt man sich auf die Mozartstadt Salzburg ein.

Die prächtige Salzachbrücke aus der Prinzregentenzeit (1903) verbindet Laufen mit dem österreichischen Oberndorf.

Das bayerische und das österreichische Wappen schmücken die Pylonenkrone der Jugendstil-Eisenkonstruktion der Laufener Salzachbrücke.

INNSPITZ UND
INNVIERTLER SEENPLATTE

Auch der Norden und Osten Burghausens hat viel zu zeigen, vor allem landschaftlich. Dazu fährt man in Burghausen über die Salzachbrücke und hinauf nach Ach (Österreich). Hier beginnt das Innviertel. In Richtung Ranshofen (ehemaliges Augustiner-Chorherrenstift) bietet sich bei Überackern ein grandioser Blick über das Naturschutzgebiet am Innspitz, wo unten bei Haiming der Inn die Salzach aufnimmt. Umgeben von einem ausgedehnten Auwald, ist es eines der bedeutendsten Vogelreservate Europas.

Bei Haiming fließt die Salzach in den Inn, umrahmt vom idyllischen Auwald am »Innspitz« – einem der bedeutendsten Vogelschutzgebiete Europas.

Fährt man auf dem Höhenzug oberhalb von Ach südostwärts durch die sanftbucklige Moränenlandschaft, kommt man über Hochburg zu Ausläufern der Innviertler Seenplatte. Wer im Sommer ein gemütliches Bad nehmen will, darf diese Ziele nicht auslassen: Holzöstersee (bei Franking), Ibmer See und Höllerer See (bei St. Pantaleon/Haigermoos). Alle drei stehen unter Naturschutz. Als Moorseen sind sie wohlig warm, und immerhin hat Sophia Loren hier schon gebadet (als Gast beim Seewirt am Holzöstersee). Die beschauliche Ruhepause lohnt sich, sie wirkt wie ein Eintauchen in die ferne Vergangenheit, in die vermeintlich gute alte Zeit. Die ganze Gegend war bis 1779 bairisch (Innbaiern, Mattiggau).

Die spätgotische Tuffsteinkirche St. Radegund jenseits der Salzach, heute österreichisches Innviertel.

Eine Rundfahrt ergibt sich, wenn man über Ostermiething und Tittmoning wieder Kurs auf Burghausen nimmt. Dabei kann man vor der Salzachüberquerung (Tittmoning) noch einen Abstecher nach St. Radegund machen. Dieses versteckte Ziel lohnt allein schon

wegen der eindrucksvollen spätgotischen Kirche aus Tuffstein
(1422/1560) und des Friedhofs mit seinen schmucken schmiede-
eisernen Grabkreuzen. Gleichwohl holt uns hier die dunkle Epoche
unserer Geschichte ein: Das Grab des Landwirts Franz Jägerstätter
(1907–1943) steht für die Gräueltaten der nationalsozialistischen
Diktatur. Er wurde wegen »Wehrkraftzersetzung« am 9. August 1943
im Zuchthaus Berlin-Plötzensee hingerichtet und nach Kriegsende
in seiner Heimat St. Radegund beigesetzt. Papst Benedikt XVI.,
selbst ein Sohn dieses Landstrichs, sprach ihn 2007 selig. Jägerstät-
ters Witwe Franziska blieb zeitlebens in St. Radegund, wo sie 2013
im Alter von 100 Jahren starb.

ALTÖTTING

Die Gnadenkapelle Altötting zieht Pilgerströme aus allen Himmelrichtungen an. Die architektonische Anlage des Kapellplatzes hat Enrico Zuccalli geschaffen.

Wer Burghausen kennengelernt hat, darf sich Altötting nicht entgehen lassen, und auch ein Abstecher nach Neuötting lohnt sich. Verboten ist auch ein Besuch der einstigen salzburgischen Exklave Mühldorf am Inn nicht, einer reizenden Stadt mit reicher Geschichte. Mühldorf stand fast 1000 Jahre lang im Spannungsfeld zwischen Bayern und Salzburg. So erklärt sich auch, zumindest geografisch, die Schlacht von Mühldorf (1322), die zwischen den Wittelsbachern und den Habsburgern ausgetragen wurde. Sie gilt als letzte Ritter-

schlacht – ohne Feuerwaffen – auf deutschem Boden. Die Bayern obsiegten, dennoch blieb Mühldorf bis zu den napoleonischen Kriegen salzburgisch und kam erst 1803 zu Bayern. Am schiffbaren Teil des Innflusses gelegen, war die Stadt, wie auch Wasserburg und andere, das ganze Mittelalter hindurch ein wichtiger Handelsplatz – mit 12 Kirchen auch ein »kleines Salzburg«.

Altötting, das »Herz Bayerns«, gehört zu Europas bedeutendsten Marienwallfahrtsstätten, neben Fátima, Loreto, Lourdes, Mariazell und Tschenstochau. Zur Gnadenkapelle ziehen Pilgerströme aus allen Himmelsrichtungen, um das altverehrte Bild der Schwarzen Madonna zu sehen. Die Altöttinger Wallfahrt ist seit dem Ende des 15. Jahrhunderts belegt. Eindrucksvoll sind die über 2000 Votivbilder und Devotionalien, die Hilfesuchende in ihrer Not an diesem Ort der Hoffnung hinterlassen haben. In der Gnadenkapelle sind in Silbergefäßen die Herzen von Herrschern aus dem Hause Wittelsbach beigesetzt (unter anderem jene der bayerischen Könige des 19./20. Jahrhunderts), darunter auch das Herz von König Max II., das einst so kräftig für die Wissenschaft geschlagen hat!

Religiöse Bezüge prägen das Altstadtbild Altöttings auf Schritt und Tritt. So die Stiftspfarrkirche St. Philippus und Jakobus[26], die mit ihrem markanten, steil aufragenden Türmepaar in alle Himmelsrichtungen verkündet: Hier ist Altötting, das Herz Bayerns! In ihrer langen Geschichte hat diese Kirche Bestimmung und Erscheinungsbild immer wieder verändert, von der Basilika einer Karolingerpfalz bis zur heutigen Pfarrkirche, und sie stellt die letzte Hallenkirche der Spätgotik in Süddeutschland dar. Das Bauwerk trägt die Handschrift von Jörg Perger, dem letzten bedeutenden Meister der Burghauser Schule. Die Konsekration erfolgte 1511 durch den Bischof von Chiemsee. In der Folgezeit entstanden bauliche Ergänzungen, und späteren Umgestaltungen fielen zum Teil wertvolle Kunstschätze der Spätgotik zum Opfer. An den Seitenaltären kann man diesen Stilwandel noch beobachten (Rokoko versus Klassizismus).

Gnadenbild der
Schwarzen Madonna
von Altötting. Mit der
Goldenen Rose hat
Papst Benedikt XVI. dem
Marienheiligtum 2008
seine Reverenz erwiesen.

Der »Tod z' Eding«
in der Stiftspfarrkirche
Altötting möchte an
seine Allgegenwart
mitten im Leben
erinnern.

Der Hochaltar, eine Schöpfung des Klassizismus (1804), gruppiert
sich mit St. Rupert und St. Sebastian um das figurenreiche Gemälde
der »Himmlischen Rettungen« von Jakob Dorner (1795). Es versinnbildlicht die Flucht der Menschen aus ihren Nöten in den Himmel, wo sie von der Gottesmutter und den Kirchenpatronen empfangen werden.

Wendet man den Blick vom Chorraum zur Empore, so fällt nicht nur der prächtige Orgelprospekt auf (Fa. Jann, Alkofen bei Regensburg; IV+P/49), sondern auf der Portalseite die populäre Figur des »Tod z'Eding«[27]. Dieser thront auf einem sieben Meter hohen Uhrkasten und mäht im Sekundentakt der Uhr. Der Sensenmann dürfte auf eine der Pestepidemien zurückgehen, von denen die Region im 16./17. Jahrhundert wiederholt heimgesucht wurde, und soll an die Gegenwart des Todes mitten im Leben erinnern. Dieser Unerbittlichkeit hat später Franz von Kobell in der Geschichte vom »Brandner Kaspar und das ewig' Leben« einen wohltuenden, dem bayerischen Wesen schon eher gemäßen Akzent mit dem »Boandlkramer« entgegengesetzt. Freilich entspricht der »Tod z'Eding« der Realität.

In der Tillygruft ist der Feldherr Johann T'Serclaes von Tilly (1559–1632) beigesetzt, für den aufgrund seines persönlichen Benefiziums (6300 Gulden) noch bis vor wenigen Jahren täglich eine Seelenmesse gelesen wurde. Graf Tilly machte sich insbesondere als Heerführer der Katholischen Liga sowie als Generaloberstfeldhauptmann der kaiserlichen Truppen im Dreißigjährigen Krieg einen Namen. Er starb 1632 infolge einer Verwundung (Schlacht bei Rain am Lech) und wurde zunächst in der Ingolstädter Jesuitenkirche beigesetzt. Später hat man ihn nach Altötting überführt (1652), was sich der Marienverehrer zu Lebzeiten gewünscht hatte. Er ruht in einem gefensterten Prunksarg in der Tilly-Gruft der Stiftspfarrkirche, sein Herz befindet sich in einer Urne in der Gnadenkapelle. Die Rolle Tillys im Dreißigjährigen Krieg bleibt unter Historikern umstritten, insbesondere was das grausame Massaker von Magdeburg betrifft.

Die Stiftspfarrkirche bietet weitere Besonderheiten: Kreuzgang mit Kapellen, Chorgestühl, Seitenaltäre, Presbyterium, Fenster, Portale – man sollte sich also Zeit nehmen.

Gleiches gilt für die Päpstliche Basilika St. Anna. Sie steht neben

Die Päpstliche Basilika
St. Anna in Altötting
wurde 1910–1912 als
Wallfahrtskirche
errichtet, damals der
größte Kirchenbau
Deutschlands.

dem Kapuzinerkloster St. Konrad, dessen Name auf den heiligen
Bruder Konrad von Parzham (1818–1894, heiliggesprochen 1934) zu-
rückzuführen ist. Mit einem Fassungsvermögen von 8000 Perso-
nen war sie der größte Kirchenbau Deutschlands im 20. Jahrhun-
dert. Das neobarocke, turmlose Gebäude nach Plänen von Johann
Baptist Schott (1853–1913) wurde 1912 nach nur zweieinhalbjähriger
Bauzeit konsekriert. Prinzregent Luitpold, der den vom bayerischen
Königswappen gekrönten Hochaltar stiftete, und König Ludwig III.

Die Orgel in der Basilika
St. Anna, eine der
größten Orgeln
Süddeutschlands.

waren zusammen mit dem Kapuzinerorden die wesentlichen Initia-
toren dieses Kirchenbaus, der vor allem die damals sprunghaft stei-
genden Pilgerzahlen aufnehmen sollte.

In der Basilika befindet sich eine der größten Orgeln Süddeutschlands (Koulen/Schmid; V+P/86), weshalb sich in Altötting
eine lebendige Kultur der Kirchenkonzerte entwickelt hat. Die
Faszination dieser Orgel erklärt sich durch die kathedralartige
Raumakustik. Eine weitere Orgel wurde für den normalen Gottes-
dienstgebrauch im Chorraum eingebaut (Wastlhuber/Eisenbarth;
II+P/26).

NEUÖTTING

Während Altötting an der Stelle der bei der Ungarninvasion (907) zerstörten Karolingerpfalz Ötting aufgebaut wurde, entwickelte sich nördlich auf einer Hangterrasse am Inn das heutige Neuötting als Handelsstadt – bis 1649 Umschlagplatz für den Salzhandel. Neuötting war über Jahrhunderte das bayerische Gegengewicht zum salzburgischen Mühldorf. Das Stadtbild ist wiederum von der Architektur des Inn-Salzach-Stils geprägt. Sehenswert ist die spätgotische, dreischiffige Hallenkirche, die Pfarrkirche St. Nikolaus, mit ihrem 78 Meter hohen Turm, der weithin in der Region sichtbar ist. Nikolaus war damals der Patron der Schiffer, der Nepomuk wurde es erst später. Hans Stethaimer, jener »Hans von Burghausen«, hat sie zu bauen begonnen (1410) – so wie auch St. Martin in Landshut, St. Jakob in Wasserburg, die Franziskanerkirche in Salzburg und viele andere. Der Backstein war sein bevorzugtes Baumaterial. Nach Stethaimers Tod (1432) stockte der Bau zwei Jahrhunderte hindurch, fertiggestellt wurde er erst im frühen Barock (1623).

Unweit von Altötting, in Marktl (am Inn), ist der spätere Papst Benedikt XVI. als Joseph Ratzinger geboren (1927), wo er in der Pfarrkirche St. Oswald (seit 1857 neogotisch) getauft wurde. Er lebte hier nur zwei Jahre, weil die Familie dann ins nahe Tittmoning übersiedelte. Weitere Stationen der Ratzingers waren Aschau am Inn, Hufschlag bei Traunstein und Freising – also auch hier wieder eine Verbindung zu einem der TUM-Standorte.

MARIENBERG

»Juwel an der Salzach« – das ist Burghausen. Die »Perle des Salzach-tals« nennen viele Marienberg. Beides kann man unterschreiben. Marienberg[28]: Weithin sichtbar, steht die zweitürmige Kirche Maria Königin des hl. Rosenkranzes wie eine Veste auf einem Sporn des westlichen Höhenzugs hoch oben über der Salzach. Sie gilt als eine der schönsten Rokoko-Schöpfungen in Bayern und darf gewiss als bestes Werk von Franz Alois Mayr bezeichnet werden. Der starke Einfluss der benachbarten Zisterzienserabtei Raitenhaslach, ge-

Die ehemalige Wallfahrtskirche in Marienberg, »Perle des Salzachtals«, von Kronprinz Ludwig vor dem Abriss gerettet (1812).

wissermaßen der »Gegenpol« unten im Flusstal, ist schon dadurch
sichtbar, dass Abt Emanuel II. die alte Kirche abreißen und an glei-
cher Stelle 1760–1764 den Neubau errichten ließ. Die Kirche entstand also zur gleichen Zeit wie der Prälatenbau des Klosters. Konzept und Ausgestaltung (Huldigung an die Gottesmutter) hatte sich
der Abt bis ins letzte Detail selbst ausgedacht. Marienberg war über
Jahrhunderte eine beliebte Marienwallfahrt gewesen, besonders gefördert durch die Rosenkranz-Bruderschaft (gegr. 1627, Abt Adam
Rempolt), und so beziehen sich alle Bildschöpfungen dieser Kirche
auf die Marien- und Rosenkranzthematik.

Die beiden Türme, in den Grundriss des Baukörpers integriert,
machen zur Salzach hin die Schauseite der Kirche aus. Eindrucksvoll schon der zweiläufige Aufgang: Dem Rosenkranzgebet nach-
empfunden, gliedert er sich nach drei Anfangsstufen (Glaube, Hoffnung, Liebe) in fünf Abschnitte mit je 10 Stufen (entspricht den
Rosenkranzgesätzchen). So schreitet man zum hoch gelegenen Gotteshaus empor. Architektonisch als Zentralbau über dem Grundriss
eines griechischen Kreuzes mit kurzen Balken angelegt, wurde sie
von Johann Georg Lindt, Johann Georg Kapfer, Wilhelm Epple und
Peter Anton Lorenzoni sowie Johann Martin Heigl künstlerisch
ausgestattet. Sie ist die »mathematisch genaueste Zentralanlage der
oberbayerischen Rokoko-Kirchen« (E. Baumeister).[9] Das Gnadenbild schmückt den Hochaltar – einen Bühnenaltar nach der Art der
Asams –, in frühbarocker Weise zeigt es Maria mit dem Jesuskind
auf einer Weltkugel, umgeben von einem Strahlen- und Wolken-
kranz und getragen von zwei Engeln. Das Kuppelfresko von Johann
Martin Heigl, der danach die Aula Maior in Raitenhaslach ausge-
malt hat, präsentiert die Kirche als Schiff. Eine Besonderheit ist die
Orgel aus dem Jahre 1769 (I+P). Gebaut wurde sie von Anton Bayr
(1716–1792), auf den über 150 Orgeln – überwiegend in Altbayern –
zurückgehen. An den Seitenaltären birgt die Kirche die Schreine
der als römische Soldaten gekleideten Gebeine der Märtyrer Vinzen-

zius, Felix, Prosper und Justus. Dem Zeitgeschmack entsprechend (1762), wurden sie aufs Prächtigste in Seide und goldbestickten Samt gekleidet und mit Edelsteinen sowie Filigranschmuck geziert (renoviert 2011).[29]

Glücklicherweise überlebte Marienberg die Säkularisation[30], wenn auch der Pfarrsitz nach Raitenhaslach verlegt wurde (1806). Die Kirche gilt wegen ihrer systematischen Ikonologie als eines der symbolträchtigsten Sakralbauwerke Altbayerns. Gleichzeitig verkörpert sie den gemeinsamen Schaffenshöhepunkt der am Bau beteiligten Künstler (Mayr, Heigl, Lindt, Kapfer).

Die Marienkirche wurde in den letzten Jahren umfassend restauriert (4,25 Millionen Euro), wofür sich abermals Pfarrer Franz Aicher mit Initiative und Beharrlichkeit bleibende Verdienste erworben hat. Wer die Kirche besichtigen und kundig erklärt haben möchte (für TUM-Mitglieder ein Muss!), wendet sich am besten an Pfarrer Aicher oder an den Ortsheimatpfleger Wolfgang Hopfgartner.

Franz Alois Mayr (1723–1771)

Was Hans Kogler (1642–1702) und sein Sohn Anton (†1729) als Kirchenbaumeister für das Erdinger Land waren, das war Franz Alois Mayr für das Inn-Salzach-Land. Er schuf zahlreiche Neubauten, barockisierte aber auch gotische Vorläuferbauten. Auf sein Konto gehen unter anderem die Schlosskapelle in Wald a. d. Alz, aber auch die Kirchen in Polling, Margarethenberg (Burgkirchen), Mettenheim und Mühldorf am Inn; Hauptwerke sind die Pfarrkirche St. Vitus in Kirchweidach (Landkreis Altötting), die Umgestaltung der Klosterkirche Baumburg (bei Altenmarkt/Alz) und die Arbeiten für das Kloster Raitenhaslach (vor allem Prälatenstock mit Festsaal). In Michaelbeuern (Land Salzburg) errichtete er den Osttrakt der Abteigebäude. Ohne jeden Zweifel aber ist sein bedeutendstes Bauwerk die Wallfahrtskirche von Marienberg.

Mayr entstammte der Schule des Münchner Hofbaumeisters Johann Baptist Gunetzrhainer und dessen Bruders Ignaz Anton. In Trostberg, wo er die meiste Zeit lebte, war er seit 1750 Markt- und Gerichtsmaurermeister. Sein Schwiegersohn Joseph Lindtmayr komplettierte nach Mayrs Tod die begonnenen Bauten, unter anderem Kirchweidach und Kloster Raitenhaslach.

Johann Martin Heigl (†1774)[31]

Dieser bedeutende Rokoko-Freskant unbekannter Herkunft ist künstlerisch zum ersten Mal hervorgetreten als Malergeselle bei der Ausgestaltung des Steinernen Saals der Münchner Nymphenburg, eines Werks von Johann Baptist Zimmermann, das Heigl wesentlich prägte. Nach Zimmermanns Tod (1758) erhielt Heigl als »kurfürstlich privilegierter Flach- und Fresco-Maler« eigene Aufträge in Pfarr- und Wallfahrtskirchen um München und im südlichen Oberbayern (unter anderem St. Anian auf dem Irschenberg). Ab 1762 arbeitete er für Abt Emanuel II. Mayr in Raitenhaslach, wo er mit seiner Familie bis 1765 wohnte. Nach den Deckenfresken der neuen Abtskapelle und der Prälatenzimmer (1762) gelang ihm mit der Ausmalung von Marienberg sein erstes Hauptwerk, gefolgt vom Festsaal im Prälatenbau von Raitenhaslach (1766). Anschließend wirkte er in der Kollegiatskirche St. Nikolaus in Mühldorf (heute Stadtpfarrkirche). Zuletzt erhielt er für Niederbergkirchen und Gumattenkirchen (unvollendet, leider später übermalt) zwei Aufträge des Raitenhaslacher Abts. Heigls Decken- und Kuppelfresken sind wie bei Zimmermann fast immer von einer schmalen terrestrischen Bildbühne her aufgebaut, aber er malt prägnantere, plastischere Figuren. Die Farbenpracht in Raitenhaslach weicht später den Forderungen des beginnenden Klassizismus, bis hin zum vorgetäuschten, das heißt gemalten Stuck (»stucco finto«).

Franz Josef Soll (1734–1798)[32]

Der Rokoko-Maler hatte sein Handwerk in München gelernt, bevor auch er sich in Trostberg a. d. Alz niederließ. Von hier aus entfaltete er ab 1758 ein reiches Schaffen, vielfach im Zusammenwirken mit dem Baumeister Franz Alois Mayr und dem Bildhauer Johann Georg Kapfer. So war er maßgeblich an der Ausgestaltung der Kirchen von Margarethenberg, Marienberg, Feichten und Kirchweidach beteiligt. Wir finden ihn aber auch im Prälatenbau Raitenhaslach (Treppenhausfresko), in der Baumburg (bei Altenmarkt), in Wald a. d. Alz (Garching), Tacherting, Siegsdorf, Alzgern und Schnaitsee. Zugeschrieben werden Soll das Deckenfresko (Szenen aus der Geschichte Josephs) und die Wandmalereien (Vier Jahreszeiten und Elemente) im sogenannten Papstzimmer, fertiggestellt 1782, im Prälatenbau Raitenhaslach. Von ihm stammt dort wohl auch die (übermalte) Deckenornamentik im großen Tafelzimmer.

FEICHTEN A.D. ALZ

Nochmals eine Maria Himmelfahrt, wieder Mayr und Soll! Feichten, auf der Moränenhochebene der Alz so exponiert gelegen, dass die mächtige Pfarrkirche weit ins Land hinein sichtbar ist, vergleichbar mit der Kirche von Engelsberg jenseits der Alz. Die heutige »Maria Feichten«, ein uraltes Wallfahrtsziel seit Ende des 8. Jahrhunderts, viel älter als Altötting, entstand 1502–1518 als dreischiffige Hallenkirche der Spätgotik.[33] Von der Barockkuppel abgesehen, zeigt sich der Kirchenbau in seiner ursprünglichen Gestalt. Den Rokoko-Umbau im Innenraum erhielt die Kirche 1763/1769 durch die kongenialen Trostberger Franz Alois Mayr (Baumeister) und Franz Joseph Soll (Freskant), also zur Zeit der regen Bautätigkeit, die von der Abtei Raitenhaslach ausging.

Das Gnadenbild (um 1400) befindet sich im Seitenaltar auf der Evangelienseite. Das gotische Sakramentshäuschen neben dem Hochaltar stiftete der Salzburger Fürsterzbischof Wolf-Dietrich von Raitenau (1576); es gelangte 1602 nach Feichten.

Der Pfarrhof nebenan stammt ebenfalls aus der ersten Hälfte des 16. Jahrhunderts. Derzeit wird die Kirche innen renoviert (Fertigstellung Ende 2016).

MARGARETHENBERG

Auf dem südlichen Hochufer der Alz erhebt sich oberhalb von Hirten bei Burgkirchen der Margarethenberg. Er war bereits in der Steinzeit besiedelt, wie überhaupt die Alzregion frühgeschichtliche Bedeutung hat (Hallstattzeit, Kelten, Römer). Dort steht, mit ihrem Turm weithin sichtbar (Kuppel 1759), die Pfarrkirche Maria Himmelfahrt und St. Margaretha.[34] Der Vorgängerbau, den sich das Raitenhaslacher Kloster frühzeitig einverleibt hatte (1202), wurde 1406 durch eine gotische, dreischiffige Hallenkirche ersetzt. Im Zuge der Raitenhaslacher Bautätigkeit wurde hier ebenfalls ein barockisierender Umbau vorgenommen (1752–1760), indem man wie in Raitenhaslach die Mittelsäulen entfernte. Als Baumeister war wieder Franz Alois Mayr am Werk. Eine Besonderheit: Das Altarbild (Hochaltar von 1625) und die Fresken in der Gewölbedecke stammen aus der Werkstatt von Johann Baptist Zimmermann (1680–1758), vermutlich von ihm selbst.

Auch hier kann man die vierzehn heiligen Nothelfer anrufen, zu denen Margarethenberg früher eine Wallfahrt war. Die 14-Heiligen-Bruderschaft (seit 1621) besteht noch heute. Sie zählt derzeit über 100 Mitglieder, Neuaufnahmen erfolgen beim alljährlichen Prinzipalfest Anfang Juli.

KIRCHWEIDACH

Die Pfarrkirche St. Vitus,
St. Leonhard und
St. Georg zu Kirch-
weidach (Franz Alois
Mayr, ab 1770), ein Höhe-
punkt der »Rokoko-
Kunst auf dem Lande«.

Deckenfresko von Franz
Joseph Soll: Szenen aus
dem Leben des heiligen
Märtyrers St. Vitus.

Will man dem Trostberger Ensemble der Rokoko-Künstler aus Franz
Alois Mayr, Franz Josef Soll und Johann Georg Kapfer in einem Ge-
samtkunstwerk begegnen, dann ist Kirchweidach die beste Wahl.
Die Pfarrkirche St. Vitus, die Mayr ab 1770 als Ersatz für die baufäl-
lige gotische Vorläuferkirche neu hingestellt hat, nimmt Gedanken
von Marienberg auf, seiner bedeutendsten Leistung.[35] In Kirchweidach vollendete Mayr sein Lebenswerk, indem er die Einflüsse
des höfischen Münchner Barock (Gunetzrhainer) mit österreichischen und böhmischen Elementen vereinigte. Aus dem Zusammenwirken mit den kongenialen Soll (Maler) und Kapfer (Bildhauer) ist
aus Architektur und Ausstattung ein Höhepunkt der »Rokoko-
Kunst auf dem Lande« entstanden.

Schon der äußere Habitus der Kirche macht neugierig: Ein

zweigeschossiger Turm (Lindtmayr, 1777) mit einer wuchtigen drei-
fach abgestuften Zwiebelkuppel (1909/1926 erneuert) reckt sich am
eigentlichen Kirchengebäude – auffallend durch sein steiles selbst-
bewusstes Walmdach – in den Himmel. Der rechteckige Baukörper
ist an den Ecken markant abgekantet und gibt so die innere Struktur
vor. Der hohe Innenraum besticht vor allem durch das kreisrunde
Kuppelfresko (Franz Josef Soll), das vom Leben des heiligen Vitus
berichtet und im Zentrum dessen Aufnahme in den Himmel zeigt.
Das Chorraumfresko zeigt St. Vitus im Gefängnis, auf dem Fresko
über der Orgelempore wird er von einem Soldaten mit einem Speer
erstochen. St. Vitus (Veit) starb als Märtyrer unter Diokletian und
gehört zu den vierzehn heiligen Nothelfern. Er ist ein beliebter
Schutzpatron, beispielsweise der Bierbrauer und Winzer. (Weihenstephan braut den »St. Vitus« als Starkbier.)

Der Hochaltar von Johann Georg Kapfer (1720–1794) ist als
vergoldetes Säulenretabel angelegt. Eingerahmt von den Assistenz-
figuren St. Florian und St. Georg – beide im Voralpenland als
Schutzheilige und Namenspatrone nicht minder beliebt –, zeigt das
Altarblatt (signiert F. J. Soll 1784) das Martyrium des Kirchenheiligen. Dieser wird dann im oberen Auszugsbild von der Heiligen
Dreifaltigkeit im Himmel empfangen, ebenfalls ein gängiges Motiv
in Barock- und Rokokokirchen. Die Seitenaltäre stammen von Kap-
fers Sohn Joseph Benedikt (1754–1826).

Die Kirche mitsamt Ausstattung entstand im Zeitraum 1770–
1795, die Meisterfresken von Franz Josef Soll waren jedoch bereits
1775 fertig, da sie – wie bei jeder Kirche – zur Rohbauphase gehör-
ten. Für die Musikfreunde: Die Orgel ist neueren Datums (1986) und
stammt aus der Werkstatt der Firma Schmid (gegr. 1955) in Kauf-
beuren.

Auf dem Kirchfriedhof ist der in Kirchweidach aufgewachsene
Helmut Tiltscher beigesetzt (1944–1995), Professor für Technische
Chemie an der Technischen Universität München.

ASTEN, OBERBUCH

Ein besonderer Platz unweit von Raitenhaslach ist das Dorf Asten (früher salzburgisch), aus zwei Gründen: Es liegt exponiert auf einem Moränenhügel hoch über dem Salzachtal (547 Meter über NN), sodass von hier aus der Blick in alle Himmelsrichtungen schweift. Dutzende von Kirchtürmen – manche sagen 70 – kann man bei klarem Wetter erkennen, bis weit ins Innviertel jenseits der Salzach hinein und bis zur Burghausener Burg hinauf. Zweitens treffen wir in Asten auf eine der wichtigsten spätgotischen Landkirchen des

Die gotische Hallen-
kirche St. Peter und Paul
in Oberbuch
(15. Jahrhundert).

St. Peter und Paul:
Der achteckige Pilaster
streckt sich palmenartig
in das Netzgewölbe und
trägt den gesamten
Kuppelaufbau.

Rupertiwinkels, wieder eine Maria Himmelfahrt. Den Altar des Bild-
hauers Johann Georg Itzlfeldner (1704–1790) aus Tittmoning, eines
Hauptmeisters des bayerischen Barocks in Salzburg, muss man gesehen haben. Die Madonna stammt aus dem gotischen Vorläufer-
altar (um 1450).

Wer Asten im Sommer besucht und etwas Muße hat, kann sich
im Leitgeringer See erfrischen – ein beschauliches, urtümliches
Badeerlebnis, vor allem wenn man die Westseite vom Astener Moos

aus wählt (per Feldweg über Laufing erreichbar). Der stark gebuchtete See liegt im Landschaftsschutzgebiet und ist hinter einem umlaufenden Gehölzsaum versteckt.

Unweit von Tyrlaching liegt Oberbuch. Das kleine Dorf lockt mit einer zweischiffigen gotischen Hallenkirche (St. Peter und Paul), deren klobigem Turm man später eine schmucke Barockzwiebel aufgesetzt hat. Der bemerkenswert gut erhaltene Tuffquaderbau aus der Mitte des 15. Jahrhunderts stammt vom Meister der Burghauser Bauschule Pürkel. Das Kirchenschiffgewölbe ruht – eine Besonderheit! – auf einem achteckigen, tragenden Solitärmittelpfeiler, der sich palmenartig in das Netzgewölbe emporreckt. Eine umfassende Innenrenovierung wurde im Jahr 2002 abgeschlossen.

Der nahe gelegene Rainbichl in Tyrlaching ist mit Asten die höchste Erhebung im Altöttinger Land. An dem vollendet gewachsenen alten Lindenbaum bietet sich – als Alternative zu Asten – ein unvergesslicher Panoramablick an: in die Chiemgauer und Berchtesgadener Berge, von der Kampenwand im Westen über den Hochgern, Hochfelln und Dachstein bis zum Schafberg im Osten.

Auf dem Rainbichl in Tyrlaching schweift der Blick in das Bergpanorama: »Land vor den Bergen«.

WAGING, WAGINGER SEE, TACHINGER SEE

Blick über den
Waginger See in die
Chiemgauer Berge
mit dem Untersberg.

Wer bis nach Kirchweidach und Tyrlaching gekommen ist, muss
nicht lange nach Waging am See suchen, und auch zur Landkreis-
stadt Traunstein wäre es nicht mehr weit. Der heutige Markt Waging
ist eine Bajuwarengründung, später gehörte der Ort dem Salzburger Kloster Nonnberg, seit 1810 zu Bayern. Der Waginger See, der im
Winter manchmal zufriert und dann zu ausgedehnten Spaziergän-
gen einlädt, ist im Sommer der wärmste in ganz Oberbayern und
über eine schmale Einschnürung mit dem nördlich anschließenden,
kleineren Tachinger See verbunden. Beide sind – zusammen mit
dem Abtsdorfer See – Überreste der letzten Eiszeit (Salzachglet-

scher). Eine Fahrradtour rund um dieses landschaftlich traumhaft gelegene Seenensemble lohnt sich allemal! Und wer den Blick über das Wasser in die Berge genießen will, macht eine Ruhepause mit Picknick beim Kirchlein St. Coloman: Der spätgotische Tuffstein-bau, entstanden um das Jahr 1500 und lange im Besitz der Grafen von Törring aus dem Nachbardorf, steht etwas erhöht am nörd-lichen Ende des Tachinger Sees (bei Tengling). Keine Kirche im Ru-pertiwinkel liegt malerischer!

Ein abschließender Geheimtipp soll das »weltliche Brevier« beschließen: Er entführt zur kleinen Kirche von Meggenthal, dem Eisheiligen Pankratius geweiht, versteckt wie der zugehörige Einöd-hof in einer Waldlichtung. Zu finden ist der spätgotische, von einer Kirchhofmauer umgebene Tuffquaderbau (1470/1480) bald nach Tyrlaching in Richtung Tittmoning (Staatsstraße 2106). Die origi-nalen Wandfresken hinter dem Altar wurden 1920 freigelegt – auffallend die Marienfigur mit dem kunstvollen Faltenwurf ihres Gewandes. Den Schlüssel gibt es im Bauernhof nebenan. Dieses Kleinod hat es wirklich nicht verdient, im örtlichen Kunstführer verschwiegen zu werden! Aus Trotz wird es hier genannt.

St. Coloman (um 1500) bei Tengling am Tachinger See.

ZU GUTER LETZT ...

... mag der Kundigere unter den Lesern vieles vermissen, was ihm der Schreiber vorenthalten hat. Man tröste sich damit, dass die ausgewählten Stationen zu einer Entdeckungsreise durch die zauberhafte Landschaft zwischen Salzach, Alz und Inn anregen, aber nicht bevormunden sollen. Das Entdeckererlebnis ist am größten, wenn man es selber macht und verinnerlicht, was man gesehen hat. Der Schreiber verbringt hier seine Sommerferien. Ausgehend vom Alten Pfarrhof in Garching a. d. Alz (erbaut 1729, Plaiberger),[36] hat er sich die Region über die Jahre mit dem Fahrrad so erschlossen, dass er sie heute fast auswendig kennt – auch die abgelegenen Pfade. Sein Freund, der langjährige Garchinger Bürgermeister Wolfgang Reichenwallner, hat ihn bei den Streifzügen kundig gemacht. Die vielen Kirchtürme geben Halt und Orientierung, man muss nur wissen, wohin sie gehören. So kann er sich, fernab und verschont von touristischer Aufdringlichkeit, immer wieder an den Schönheiten der stillen, authentisch gebliebenen Landschaft und an ihrem kulturgeschichtlichen Reichtum erfreuen. Dabei hat der Schreiber gemeinsam mit seiner Frau auch das Wunder von Raitenhaslach entdeckt, als beide noch zwanzig Jahre jünger waren. Die Faszination aber hat sie nicht mehr losgelassen, und beide sind dankbar für die vielen Menschen, die ihnen hier zu Freunden wurden.

WEITERFÜHRENDE LITERATUR (AUSWAHL)

1 Raitenhaslach – Ort der Begegnung und Wissenschaft (Hrsg. Wolfgang A. Herrmann), Technische Universität München 2001. http://www.raitenhaslach.tum.de/fileadmin/woobsl/www/Buch_Geschichte_und_Zukunft/raitenhaslach_2011.pdf

2 Wertvolle Faktenquelle zu Raitenhaslach: http://www.sueddeutscherbarock.ch Mit Beiträgen von Pius Bieri und Edgar Krausen; vgl. Edgar Krausen: Die Geschichte der ehemaligen Cistercienserabtei Raitenhaslach bis zum Ausgang des Mittelalters unter besonderer Berücksichtigung der wirtschaftlichen Verhältnisse, Dissertation München 1935.

3 Iris Lauterbach (Hrsg.): Klosterkultur in Bayern vor der Säkularisation – zwischen Heilsgeschichte und Aufklärung, Veröffentlichungen des Zentralinstituts für Kunstgeschichte in München, Band 28, München 2011. Dort u. a. die Beiträge von: a) Hans Lange: »Ein Closter, nit einen Pallast« – Raitenhaslachs Architektur im 18. Jahrhundert als Zisterzienserstift und kurbayerisches Prälatenkloster, S. 38–66. b) Paul Huber: Die Hauptfassade der ehemaligen Klosterkirche in Raitenhaslach, S. 67–80. c) Wolfgang Hopfgartner: Zur Baugeschichte des Klosters Raitenhaslach, S. 81–96.

4 Wolfgang Hopfgartner: 1200 Jahre Raitenhaslach, Burghauser Geschichtsblätter (Hrsg. Stadt Burghausen), 43. Folge, Burghausen 1987.

5 Karl Huttner und Günther Grassmann: Land zwischen Salzach und Inn, Richard Pflaum Verlag, München 1957.

6 Umfassende Detailbeschreibung der Klostergeschichte: Edgar Krausen: Erzbistum Salzburg, I. Die Zisterzienserabtei Raitenhaslach, Germania Sacra (Hrsg. Max-Planck-Institut für Geschichte), Neue Folge 11, de Gruyter, Berlin/New York 1977.

7 Erwin Emmerling, Cristina Thieme (Hrsg.): Ehem. Kloster Raitenhaslach. Restauratorische Untersuchung, Fotodokumentation und Raumbuch, Stadt Burghausen, Technische Universität München 2011. https://mediatum.ub.tum.de/node?id=1086900

8 a) Benno Hubensteiner: Bayerische Geschichte, 9. Auflage, Süddeutscher Verlag, München 1981. b) Benno Hubensteiner: Auf dem Wiener Kongress, Unbekanntes Bayern, Band 10: Bayern in Europa, Süddeut-

scher Verlag, München 1965, S. 180–192. c) Karl Hausberger und Benno Hubensteiner: Bayerische Kirchengeschichte, Süddeutscher Verlag, München 1985. d) Max Spindler (Hrsg.): Handbuch der Bayerischen Geschichte, 6 Bände, C.H. Beck-Verlag, München 1967 ff.

9 Engelbert Baumeister: Rokokokirchen Oberbayerns (Straßburg 1907), Nachdruck DOGMA Verlag, Bremen 2014.

10 a) Edgar Krausen: Raitenhaslach an der Salzach, in: Der Zwiebelturm. Monatsschrift für das Bayerische Volk und seine Freunde, 6. Jahrgang (1951), S. 181–183. b) Edgar Krausen: Theatrum sacrum in Raitenhaslach, Unser Bayern/Heimatbeilage der Bayerischen Staatszeitung, April 1961, Jahrgang 10, Nr. 4, S. 31f.

11 Hannes Burger: 800 Jahre Klosterkirche Raitenhaslach (Hrsg. Pfarrgemeinde St. Georg), Morsak-Verlag, Grafenau 1987.

12 Edgar Krausen: Die Urkunden des Klosters Raitenhaslach 1034–1350, Quellen und Erörterungen zur bayerischen Geschichte, Neue Folge 17, 2 Bände, München 1959 sowie Edgar Krausen: Regesten der Urkunden des Klosters Raitenhaslach 1351–1803 (Bayerisches Staatshauptarchiv), Burghausen 1989.

13 Wolfgang Hopfgartner: Raitenhaslach, Pfarrkirche St. Georg (Hrsg. Kath. Pfarramt St. Georg, Raitenhaslach), Peda-Kunstführer Nr. 602, Passau 2014.

14 Wolfgang Hopfgartner: Ausanius Detterle – der letzte Abt des Zisterzienserklosters Raitenhaslach, Oettinger Land 29 (2009), S. 155–168.

15 Wolfgang Hopfgartner: Die Herzurne von Abt Emanuel II. Mayr von Raitenhaslach, Oettinger Land 23 (2003), S. 323–328.

16 Wolfgang Hopfgartner: Wappenschilde in der Klosterkirche Raitenhaslach – Fundgrube für Heraldiker, Oettinger Land 30 (2010), S. 298–338.

17 Robert Münster: Wolfgang Amadeus Mozart und das Benediktinerkloster Seeon, F&W Medien, Kienberg 2006, zu beziehen bei Anton H. Konrad Verlag, 89264 Weißenhorn.

18 Benno Hubensteiner: Land vor den Bergen, Süddeutscher Verlag, München 1970, S. 139–146.

19 Robert Münster: P. Alberich Hirschberger OCist, ein neu entdeckter Barockkomponist aus Ried im Innkreis, Die Heimat – Heimatkundliche Beilage der Rieder Volkszeitung, Nr. 131, November 1970, S. 1–3.

20 August Scharnagl: Max Keller, in: Friedrich Blume (Hrsg.): Die Musik in Geschichte und Gegenwart, Band 7, Bärenreiter, Kassel 1958.

21 Georg Lohmeier: Bayerische Barockprediger, Süddeutscher Verlag, München 1974. – Wiederentdeckt wurde Strobl von Robert Böck im Jahre 1953, vgl. Bayerisches Jahrbuch für Volkskunde, 1953, S. 149–158.

22 Valentin Hertle: Andreas Strobl als Modellfall der bayerischen Barockpredigt, Dissertation München 1965.

23 Siehe Referenz 1, S. 6.

24 Elmar D. Schmid: Burg zu Burghausen (Hrsg. Bayerische Verwaltung der Staatlichen Schlösser, Gärten und Seen), München 1984.

25 Johannes Klinger: Die Architektur der Inn-Salzach-Städte, Wasserburger Verlag, Wasserburg 2006.

26 Kath. Pfarramt Altötting (Hrsg.): Stiftspfarrkirche St. Philippus und Jakobus, Altöttinger Kunstverlag Peter Becker, Altötting 2007.

27 Hans-Georg Becker: »Tod von Eding schaut wieder gut aus«, Die Welt, 19.10.2001.

28 a) Edgar Krausen: Marienberg a.d. Salzach, Verlag Schnell & Steiner, München und Zürich 1992. b) Sabine Komarek-Moritz und Thomas Kupferschmied: Marienberg, Kunstverlag Peda, Passau 2011.

29 rw: »Die Heiligen sind wieder zu Hause«, Passauer Neue Presse, 28.08.2010, S. 27.

30 Heiner Effern: Baufälliges Oberstübchen, Süddeutsche Zeitung, 17.08.2015.

31 Thomas Kupferschmied: Der Freskant Johann Martin Heigl, Schriften aus dem Institut für Kunstgeschichte der Universität München, Band 41, München 1989.

32 Eugen Abele: Franz Josef Soll aus Trostberg, in: Jahrbuch des Vereins für christliche Kunst, Band VI, München 1926.

33 a) Hermann Wagner: Maria-Feichten, 2. verbesserte Auflage, Hannes Oefele Verlag, Ottobeuren 1980. b) Sabine Komarek-Moritz: Kath. Pfarr- und Wallfahrtskirche Mariä Himmelfahrt Feichten a. d. Alz, Kunstverlag Peda, Passau 1997.

34 Kilian Kreilinger: Margarethenberg a. d. Alz, Schnell & Steiner, München 1977.

35 Kilian Kreilinger: Kath. Pfarrkirche St. Vitus Kirchweidach, Verlag Schnell & Steiner, Regensburg 2004.

36 www.typo.garching-alz.de. – Das »Herrenhaus« der Garchinger Pfarrvikare wurde für das örtliche Benefizium erbaut, das Ferdinand Marquard Graf von Wartenberg (Schloss Wald a. d. Alz) 1728 eingerichtet hatte – auch wenn es den Raitenhaslacher Äbten fortan ein Dorn im Auge war. Vgl. Edgar Krausen: Erzbistum Salzburg, I. Die Zisterzienserabtei Raitenhaslach, Germania Sacra (Hrsg. Max-Planck-Institut für Geschichte), Neue Folge 11, de Gruyter, Berlin/New York 1977. – Die Grafen von Wartenberg waren eine Nebenlinie der Wittelsbacher, die 1736 ausstarb (Ferdinandinische Linie). Vgl. Edgar Krausen: Die Zisterzienseer von Raitenhaslach und das Schloßbenefizium Wald a. d. Alz, Ostbairische Grenzmarken, Band 13, Passau 1971, S. 184-197.

BILDNACHWEIS